Mit dem Herzen siehst du mehr

ALJOSCHA LONG
RONALD SCHWEPPE

MIT DEM HERZEN SIEHST DU MEHR

Buddhistische Weisheitsgeschichten
und Meditationen über die
Kraft des Mitgefühls

Lotos

Penguin Random House Verlagsgruppe FSC® N001967

Erste Auflage 2020

Redaktion: Dr. Diane Zilliges
Umschlaggestaltung: Guter Punkt, München,
unter Verwendung von Motiven von © Chinnapong/Getty Images;
© POMACHKA/Getty Images; © Mi Ha, Guter Punkt,
München (Illustrationen Blätter, Lotosblüten, Wasser, Fische)
Satz: Satzwerk Huber, Germering
Druck und Bindung: Friedrich Pustet KG, Regensburg
ISBN 978-3-7787-8293-4

www.Integral-Lotos-Ansata.de
www.facebook.com/Integral.Lotos.Ansata

Inhalt

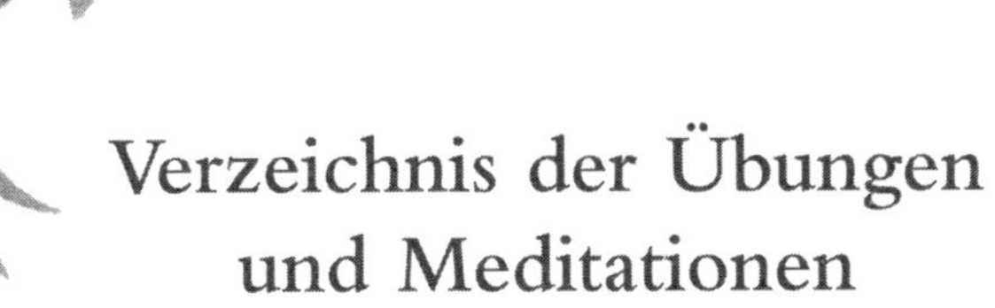

Verzeichnis der Übungen und Meditationen

»Mögen alle Wesen glücklich sein.
Mögen sie alle in Sicherheit und Freude leben.«

Buddha

Die Blumen der Liebe

Hier und heute
wartet dein Herz auf dich.
Und worauf wartest du?

Die fruchtbare Erde der Güte,
die Saat des Mitgefühls,
die ersten zarten Knospen der Liebe –
sie alle sind längst da, sind längst bereit.

Doch nur du kannst dein Herz erblühen lassen –
durch deine liebevolle Achtsamkeit,
die warm wie die Sonne scheint,
durch deine Zuwendung, die wie frischer Regen auf trockene Erde fällt,
durch deine heilvolle Absicht, die dich jeden Tag aufs Neue in den Garten gehen und nach deinen Beeten sehen lässt.

Dein Herz wartet auf dich.
Und worauf wartest du?

Verbundenheit, Mitgefühl und Güte

Das sind die Themen, um die es in diesem Buch gehen wird. Zu ihnen wirst du hier viele verschiedene Impulse und Geschichten finden, die wie Puzzleteilchen sind. Das Besondere an diesem Puzzle ist aber, dass es das einfachste Puzzle der Welt ist, denn ganz egal, welche oder wie viele Puzzleteilchen du dir aussuchst und wie du sie anordnest – sie passen alle prima zusammen. Du kannst dabei nichts falsch machen. Fang einfach zu lesen an, wo immer du möchtest. Hör auf deine Intuition. Nutze, was du gerade brauchen kannst, und lass beiseite, womit du im Moment nichts anfangen kannst. Folge der Stimme deines Herzens – alles andere ist sowieso nie wichtig.

Auch die vielen kleinen Übungen, Meditationen und Reflexionen im Buch sind Teile des Puzzles. Auch hier gibt es kein Richtig oder Falsch. Such dir heraus, was dich anspricht. Wenn du dann allerdings ein oder zwei Übungen ausgewählt hast, dann wechsle nicht zu schnell zu den nächsten. Beim Üben ist es wie beim Gärtnern: Damit die Saat aufgehen kann, musst du ein wenig Zeit damit verbringen, die Samen zu gießen.

Mögest du glücklich sein!

Der Satz »Mögest du glücklich sein« ist Teil der buddhistischen Meditation, die als »Metta« oder »Meditation der liebenden Güte« bezeichnet wird. Diesen und andere Sätze aus der Metta-Meditation hört und liest man heute, wo das Thema Achtsamkeit viel Beachtung findet, immer häufiger. Doch nicht immer sind sich die, die diese Worte benutzen, ihrer tiefen Bedeutung wirklich bewusst.

»Mögest du glücklich sein.«

Wenn wir zaubern könnten, würden wir dich sofort und ohne mit der Wimper zu zucken grenzenlos glücklich, gelassen, heiter und liebevoll zaubern. Da wir aber miserable Zauberkünstler sind, schreiben wir Bücher wie dieses, die dir vielleicht ein paar Impulse geben, um deinen Geist von Ballast zu befreien und dadurch entspannter und mit mehr Freude leben zu können.

Falls du jetzt glaubst, dass wir wohl recht nette Leute sind, könnte das zwar stimmen, es muss aber gar nicht unbedingt der Fall sein. Denn an andere zu denken kommt letztlich uns selbst am meisten zugute. Wenn du glücklich bist, werden die Menschen um dich herum ein wenig glücklicher sein, und die wiederum machen dann die Menschen um sie herum ein Stückchen glücklicher und so weiter. Eine Welle der Glücksenergie setzt sich so in Bewegung und schwillt an. Und am Ende landen

Glück, Heiterkeit und Mitgefühl dann wieder bei uns. Das meinte auch der Dalai Lama, als er sagte, dass kluge Egoisten an andere denken und ihnen bestmöglich helfen – mit dem Resultat, dass es ihnen selbst dadurch besser geht. In diesem Sinne ist dieses Buch auch eine Anleitung für dich, ein Egoist zu werden – aber ein kluger, mitfühlender und gütiger Egoist.

Mit dem Herzen Klarheit finden

Eines Tages wurde Buddha von seinen Schülern gefragt, wie sie die Welt von Leiden befreien könnten, worauf er antwortete: »Dazu müsst ihr neue Augen bekommen.«

Gut möglich, dass du gerade ganz andere Probleme hast und auch nicht vorhast, irgendwas an deinen Augen zu verändern. Das macht nichts, wenn du Buddhas Antwort richtig verstehst: Sie entspricht genau dem, was Antoine de Saint-Exupéry mit dem berühmten Zitat aus seinem Roman *Der kleine Prinz* gemeint hat: »Man sieht nur mit dem Herzen gut. Das Wesentliche ist für die Augen unsichtbar.«

In Augenblicken, in denen wir nicht mehr weiterwissen, uns zutiefst verunsichert fühlen und die Orientierung verloren haben, können wir den Ausweg mit unseren »normalen« Augen nicht sehen. Und leider ist das oft der Fall: Unsere Welt ist heute so unübersichtlich wie noch nie. Jeden Tag passieren so viele Dinge, brechen so viele zum Großteil erschreckende Nachrichten über uns herein und werden wir mit so vielen unterschiedlichen Meinungen, Sichtweisen und Emotionen konfrontiert, dass wir oft nicht mehr wissen, wo uns der Kopf steht.

Weißt du noch, wie es sich anfühlt, sich zu verlaufen? In der Kindheit ist das ja jedem von uns schon mal passiert. Verängstigt haben wir uns dann im Kreis gedreht und wussten nicht vor und nicht zurück. Heute drehen wir uns zwar nicht mehr im Kreis – zumindest nicht buchstäblich –, aber unsere Gedanken, die drehen sich munter weiter, ohne dass wir dabei den Ausweg finden können.

Hast du manchmal das Gefühl, festzustecken oder den Überblick verloren zu haben? Oder bist du einfach »nur« unzufrieden, unglücklich, gestresst oder gelangweilt von deinem Leben? Falls ja, dann liegt der Grund dafür in einer »Sehschwäche«. Die führt dazu, dass du in die verkehrte Richtung schaust und die falschen Entscheidungen triffst. Diese Sehschwäche ist dir nicht angeboren. Irgendjemand, vielleicht sogar du selbst, hat dir eine Brille aus trübem Glas aufgesetzt. Also: Setz die Brille ab. Die einzige Medizin, die du brauchst, um den Ausweg aus dem Labyrinth negativer Gedanken und bedrückender Stimmungen zu finden, ist Klarheit.

Innere Klarheit schenkt uns Sicherheit, Heiterkeit, Gelassenheit und Vertrauen. Sie schützt uns davor, dass wir uns auf unserem Lebensweg verlaufen. Doch der Weg zu dieser Klarheit kann nicht gedacht oder mit unseren gewöhnlichen Augen gesehen werden. Wir können ihn nur mit dem Herzen erkennen.

Wenn du dich nach Klarheit und Leichtigkeit sehnst, dann folge nicht deinem Kopf, sondern deinem Herzen. Dem Herzen zu folgen bedeutet, mehr und mehr loszulassen – Meinungen, Erwartungen, Befürchtungen und all die vielen Gedanken, die den Nebel in unserem Kopf nur immer noch dichter werden lassen. Klarheit und Einfachheit werden sich ganz von selbst einstellen, wenn du deine liebevolle Achtsamkeit in die Welt schickst und dir selbst und den Menschen um dich herum dein Mitgefühl schenkst.

Der dumme und der kluge Ramesh

Gar nicht weit vom heiligen Berg, da gab es ein kleines Dorf. Dort lebten einst zwei junge Männer, die sich glichen wie ein Ei dem anderen, obwohl sie nicht miteinander verwandt waren. Und beide hießen Ramesh. Das war aber auch schon alles, was sie gemeinsam hatten. Der eine Ramesh war schlau und wusste fast alles. Der andere war einfältig und wusste fast nichts.
Eines Tages nun war Gita, das Töchterlein des Bürgermeisters, verschwunden, nachdem sie mit ihren Freundinnen Blumen für die Kränze zum Mittsommerfest sammeln gehen wollte. Die Männer des Dorfes wollten sich auf die Suche nach ihr machen. Der kluge Ramesh hatte sich schon einen Plan zurechtgelegt. Zunächst sollten die Männer Waffen mit sich tragen, falls ein Tiger, ein Schakal oder ein Unhold das Mädchen

geraubt hatte. Sodann sollten immer zwei gemeinsam gehen, damit sie keine Kleinigkeit übersahen und sich gegenseitig schützen konnten. Der kluge Ramesh hatte auch schon eine Karte gezeichnet, die genau angab, wer wo suchen sollte, und er hatte sich überlegt, dass ein Kommando abgestellt werden müsste, das sie auf der Suche mit Essen und Getränken versorgte und Nachrichten weitergab.

Gerade wollten die Männer aufbrechen, da kam der dumme Ramesh mit dem Mädchen an der Hand herbei und beide lachten miteinander, als sei gar nichts geschehen. Die Mutter schloss ihr Kind in die Arme, und der dumme Ramesh wurde mit Fragen bestürmt: Wie hatte er die Kleine nur gefunden?

»Ach«, sagte er verlegen, »ich bin ja einfältig und weiß nicht viel. Doch ich weiß, wo die schönsten Blumen wachsen – und die kleine Gita hat ja Blumen gesucht. Da bin ich eben hinter die Friedhofsmauer gegangen und habe sie dort schlafend gefunden. Ich hatte so ein Gefühl …«

Folge der Stimme in deinem Inneren

Das Erste, was passieren wird, wenn du beginnst, auf die Stimme deines Herzens zu hören, ist, dass du dein Glück nicht länger dort suchen wirst, wo du es sowieso nie finden kannst. Und das ist gar nicht so selbstverständlich, wie es sich jetzt vielleicht anhört. Tatsächlich tun wir nämlich oft recht sonderbare Dinge, von denen wir irrtümlich meinen, dass sie uns glücklicher und zufriedener machen. Wir füllen Lottoscheine aus, buchen Kreuzfahrten, verbringen unsere Abende vor dem Fernseher, kaufen ständig neue Smartphones oder Handtaschen, essen und trinken zu viel oder tauschen permanent unsere Garderobe und gelegentlich auch mal unsere Partner aus.

Dass äußere Veränderungen uns nur selten oder aber nur sehr kurz glücklich und im Nachhinein oft sogar noch unglücklicher machen, ist eine bittere Erkenntnis. Und leider kommt sie meist zu spät. Du merkst schließlich erst, dass du dich verlaufen hast, wenn du dich verlaufen hast. Solange du dich verläufst, aber noch nichts davon weißt, glaubst du ja auf dem richtigen Weg zu sein.

Es ist ernüchternd, eines Tages plötzlich festzustellen, dass wir einen Großteil unseres Lebens damit verbracht haben, wertlosen bunten Glasperlen hinterherzujagen. Und besonders frustrierend ist diese Einsicht, wenn uns nur noch wenig Zeit zum Leben und damit zur Korrektur bleibt. Wer Sterbende oder sehr alte Menschen befragt, was sie am meisten bereuen – und es gibt ja ganze Bücher, die sich mit dieser Frage beschäftigen –, erhält immer wieder ähnliche Antworten:

- »Ich habe zu viel Zeit mit den falschen Dingen verbracht und meine Zeit mit Nebensächlichkeiten vergeudet.«
- »Ich hätte mehr tanzen, lachen und lieben sollen, statt so angepasst zu sein.«

- »Ich habe den falschen Beruf ergriffen und hatte nicht den Mut, meine Träume zu leben.«
- »Ich hätte gern mehr Zeit mit meiner Familie und meinen Freunden verbracht.«
- »Mein Geld, mein Besitz und meine Sicherheit waren mir viel zu wichtig. Ich habe die Liebe übersehen.«

Am häufigsten bereuen Menschen, die auf das Ende ihrer Lebenszeit zugehen, dass sie zu selten »Ich liebe dich« gesagt haben und dass sie ihren eigenen Weg nicht gegangen sind oder ihn gar nicht erst gefunden haben.

So traurig es ist, diese Berichte zu lesen, so viel können wir doch daraus lernen. Zum Beispiel, dass die entscheidenden Fragen, die wir uns jetzt und hier und möglichst nicht erst auf der Intensivstation stellen sollten, lauten:

- Wohin führt mein Weg?
- Was sind meine Herzensziele?
- Wie gebe ich meinem Leben mehr Sinn und Befriedigung?

Nun ist es leider gar nicht so leicht herauszufinden, was wir eigentlich wirklich wollen. Unsere Eltern und Lehrer haben uns das wahrscheinlich nicht gefragt. Und wir selber stellen uns diese Frage auch viel zu selten, wenngleich sie vielleicht die wichtigste überhaupt ist.

»Der Weg liegt nicht im Himmel.
Der Weg liegt im Herzen.«
Buddha

Sobald du weißt, wohin dein Weg führt, kannst du die richtigen Entscheidungen treffen. Dann hilft das Universum auf magische Weise kräftig mit: Auf einmal triffst du wie durch ein Wunder die richtigen Leute, und es öffnen sich unerwartet Türen, von deren Existenz du vorher noch nicht einmal wusstest. Dein Geist wird aufnahmebereiter für alles, was dir auf deinem Weg hilft. Plötzlich wird der Weg weniger steil und du kommst leichter voran.

Solange wir allerdings noch Zielen hinterherrennen, die eigentlich gar nicht unsere oder nur Ersatzziele sind, stellt sich das Universum stur. Wir gewinnen dann den Eindruck, dass alles schiefgeht, was ja irgendwie auch stimmt. Wenn wir nämlich darauf bestehen, etwas anzuziehen, was nicht zu uns passt, werden wir stolpern.

Reflexion: Finde deinen inneren Weg

Falls du sie nicht schon gefunden hast, kannst du den Zielen deines Herzens durch ein paar Fragen und Überlegungen schnell näherkommen. Und falls du sie nicht schon deutlich hörst, kannst du lernen, die Stimme aus deinem Inneren durch dieselben Fragen und Überlegungen besser wahrzunehmen:

- Was hast du als Kind gern gemacht? Was hat dich begeistert, als du fünf oder sechs Jahre alt warst?
- Wenn es nur eine einzige Sache gäbe, die du in deinem Leben verändern könntest – was wäre das?
- Wenn es nur eine einzige Sache gäbe, die du auf der Erde verändern könntest – was würdest du tun?
- Schreib zehn Dinge auf, die du gerade erreichen möchtest, die du tun willst oder tun solltest. Unterstreiche dann nur diejenigen, die deine Begeisterung wecken und dich innerlich berühren.
- Was ist der Traum, den du dir selbst erfüllen würdest, wenn du zaubern könntest? Wenn du wüsstest, dass absolut nichts schiefgehen kann, was würdest du dann machen?
- Stell dir vor, du hättest dein Herzensziel bereits erreicht und die Sehnsucht deines Herzens gestillt ... Lass ein ideales Bild vor deinem inneren Auge aufscheinen – so bunt wie möglich und mit allem Drum und Dran ... Was siehst du? Wie siehst du dich? Was fühlst du dabei?
- Worauf musst du deine Gedanken fokussieren und was kannst du tun, um zu werden, wer du tief in deinem Herzen wirklich bist? Und wie könnte der erste kleine Schritt auf diesem Weg aussehen?

Mitgefühl: Die Botschaft deines Herzens

Im Gegensatz zu deinem Kopf kann dir dein Herz schnell zeigen, was das Wesentliche für dich ist. Besonders dann, wenn du vor großen Schwierigkeiten stehst, kann die Frage nach dem »Was jetzt?« ganz entscheidend sein. Worauf macht die Situation dich aufmerksam? Was musst du jetzt ändern? Und vor allem: Was ist das Wesentliche? Was ist für dich das Wesentliche?

Die letzte Frage ist gar nicht so leicht zu beantworten, da das Wesentliche sich gern verkleidet: In unserem tiefsten Inneren sehnen wir uns vielleicht nach Sicherheit und Geborgenheit. Doch in unserer »Alltagstrance« erkennen wir das gar nicht so deutlich. Stattdessen wünschen wir uns ein größeres Haus oder einen krisensicheren Job. Wir träumen von beruflichem Erfolg, finanzieller Freiheit, ewiger Jugend, einer gelungenen Partnerschaft oder Berühmtheit und Ansehen. Doch unser Herz schert sich nicht um all diese Dinge – ihm geht es nicht ums Image, und es ist ihm auch egal, ob du eine gute Hausratversicherung hast oder nicht. Es ist eine große Befreiung, die

Stimme deines Herzens zu hören und deine Herzensziele kennenzulernen – denn dann erkennst du auch, mit wie viel Unnötigem du dich abgeplagt hast.

Zu den größten Hindernissen für unser Glück gehört unsere Angewohnheit, das Wesentliche mit dem Unwesentlichen zu verwechseln. Im Buddhismus gilt dieser Zustand der Verwirrung und Täuschung als eines der drei Geistesgifte (die anderen beiden sind Hass und Gier). Es ist aber nicht unser Herz, das verwirrt ist oder sich täuscht. Die Täuschungen, Verwirrungen und Selbsttäuschungen kommen aus den Gedanken.

Unterm Strich gibt es nicht sonderlich viele Dinge, die wirklich wesentlich sind. Wenn du der Sehnsucht nachspürst, die hinter all deinen vordergründigen Wünschen und Zielen liegt, wirst du wahrscheinlich letztlich sehr einfache Dinge finden: die Sehnsucht nach innerem Frieden, nach Harmonie, Gelassenheit, Freiheit und insbesondere die Sehnsucht nach deinem Herzen, nach der Liebe in dir. Oder sagen wir lieber »Mitgefühl«, denn dieses Wort ist nicht so vieldeutig wie »Liebe«.

Mitgefühl ist unsere Fähigkeit, einem anderen Menschen mit ganzem Herzen zu begegnen und innerlich mit ihm zu sein. Es ist das Gefühl der Anteilnahme, das auftritt, wann immer wir fremdem Leiden begegnen, und es beinhaltet zugleich den Wunsch, dieses Leiden zu lindern. Und natürlich ist diese Sensitivität gegenüber Leiden nicht auf andere Menschen beschränkt: Sie schließt unser eigenes Leiden mit ein. Und auch das Leiden anderer, nicht menschlicher Wesen und der Natur.

Mitfühlenden Menschen ist es wichtig, gut für andere zu sorgen. Und für sich selbst – doch das Selbst steht nicht im Mittelpunkt. Paradoxerweise erhöht es ihr Glück, gerade weil sie ohne Gedanken an ihr Selbst handeln. Andere auf diese selbstlose Weise zu lieben heißt, dass wir ihnen nur das Beste und alles Glück der Welt wünschen.

Dein Mitgefühl ermöglicht es dir, andere im Inneren zu berühren und dich von ihnen berühren zu lassen. Und obwohl Mitgefühl und Güte zur menschlichen »Grundausstattung« gehören, kannst du doch viel dafür tun, damit diese Qualitäten in dir nicht verkümmern, sondern im Gegenteil mehr und mehr erblühen.

Viele Wege – ein Ziel

Immer mehr Menschen scheinen sich heute an das zu erinnern, was eigentlich ganz selbstverständlich sein sollte: dass wir nämlich ruhig ein wenig freundlicher und zuvorkommender miteinander umgehen und nicht so sehr gegeneinander kämpfen als vielmehr miteinander leben sollten. Es beschäftigen sich zunehmend Bücher und wissenschaftliche Untersuchungen mit dem Phänomen »Mitgefühl«. Aber auch wenn Mitgefühl »in« ist, bedeutet das natürlich nicht, dass es eine oberflächliche Modeerscheinung ist. Es ist eine wichtige menschliche Fähigkeit, die kultiviert werden kann – etwa so wie Achtsamkeit, Gelassenheit oder Konzentration. Und natürlich musste niemand erst Mitgefühl »erfinden«: Eltern umsorgen ihre Kinder mitfühlend, Kinder streicheln ihre Hunde oder Meerschweinchen, Krankenschwestern und Ärzte kümmern sich um Leidende, Organisationen setzen sich dafür ein, dass Hungernde Nahrung bekommen und Kinder auch in Krisenregionen in die Schule gehen können. Auf der ganzen Welt arbeiten unzählige Menschen ehrenamtlich für mehr Menschlichkeit und Gerechtigkeit – und immer ist es ihr Mitgefühl, das sie motiviert.

Wir alle können Teil dieser globalen Bewegung des Mitgefühls sein, die als einzige die Macht hat, uns und unseren Planeten zu heilen. Und dabei ist es ganz egal, ob wir aktiv dazu beitragen, die Welt zu retten, oder ob wir unsere Katze liebevoll füttern und unseren Nachbarn anlächeln. Was zählt, ist einzig unsere Absicht zu lieben.

Es gibt viele Möglichkeiten, Mitgefühl zu leben und das Positive in dir zu nähren. Du kannst Organisationen darin unterstützen, Nahrungsmittel und Hilfsgüter in Krisengebieten zu verteilen, oder in deinem Zimmer sitzen und meditieren, um deinen Geist zur Ruhe zu bringen und dein Herz zu öffnen. Du kannst deine Zeit damit verbringen, zu telefonieren oder zu chatten, um Freunden beizustehen, die eine schwierige Zeit durchleben, oder du kannst gut für deine Familie sorgen. Du kannst jemanden anlächeln, der traurig aussieht, oder jemanden, der nicht klarkommt, fragen, ob du ihm helfen kannst. Die Möglichkeiten sind unendlich und sie bieten sich dir jeden Tag.

In diesem Buch wirst du einige Meditationen und Inspirationen finden, die dein Herz mitfühlender und dich glücklicher machen. Jeder von uns liebt ohnehin schon auf irgendeine Weise. Aber natürlich können wir unser Herz noch weiter öffnen, indem wir es noch sehr viel bewusster und achtsamer spüren und unser Mitgefühl auch auf Menschen ausdehnen, die wir bisher aus unserem Herzen ausgeschlossen hatten. Es müssen dabei keine großen Dinge sein, die wir tun – besser ist es, kleine Dinge mit großer Liebe zu tun.

Der kaltherzige Gelehrte

Ein berühmter Gelehrter, von dem die Menschen sagten, dass er zwar kaltherzig sei, aber dafür alles wisse, wusste immerhin eines: Dem Zen-Meister Kamakata waren Geheimnisse bekannt, die ihm selbst verborgen blieben. So suchte er denn den Meister auf und begann sogleich laut darüber zu sprechen, was er dachte, was es mit der Erleuchtung auf sich habe, wie er Buddhas Worte interpretiere, was in der Meditation geschehe und was denn die höchste Tugend in Buddhas Lehre sei.
Unterdessen hatte der Meister zwei Teeschalen geholt und begann, dem Gelehrten einzuschenken, während er ihm aufmerksam zuhörte und lächelte. Die Schale war halb voll, war voll, lief über, doch der Meister goss unbeirrte weiter Tee aus, der sich über den Tisch ergoss.

»Haltet ein!«, rief der Gelehrte. »Seht Ihr denn nicht, dass die Schale schon längst voll ist?«
Der Meister hörte zu gießen auf, sah den Gelehrten freundlich an und sprach: »Nur wenn die Schale leer ist, kann man sie füllen. Ebenso ist es mit der Schale des Geistes. Ihr seid voll des Wissens, der Meinungen und Ansichten – wie sollte ich da den Tee der Einsicht eingießen? Kommt wieder, wenn euer Kopf frei und euer Herz offen ist – dann werdet ihr verstehen.«

Dich selbst lieben lernen

Zu den Menschen, die wir regelmäßig am meisten vernachlässigen, gehören vor allem wir selbst. »Mit dem Herzen siehst du mehr« – das bedeutet natürlich auch, dass du dich selbst klarer sehen und besser verstehen wirst, wenn du mehr Selbstmitgefühl entwickelst. Wie es sich anfühlt, wenn du dich durch die Brille deines inneren Kritikers wahrnimmst und lieblos mit dir umgehst, weißt du ja vielleicht ganz gut. Möglicherweise ahnst du, dass die Gedanken über dich selbst nicht du selbst sind, dass da noch mehr ist. Aber die Denkgewohnheiten sind stärker. Die Gewohnheit, sich selbst als ungenügend, fehlerhaft, minderwertig oder gar wertlos anzusehen, ist leider weit verbreitet. Das ist doch eigentlich seltsam, oder? Wie kommt man auf die Idee, sich selbst als Versager oder Dummkopf abzustempeln? Ein Mindestmaß an Selbstrespekt sollte doch normal sein!

Wir sagen innerlich Dinge zu uns, die wir nicht einmal einem Feind an den Kopf werfen würden. Wir überhören regelmäßig unsere Bedürfnisse, hören nicht auf unsere innere Stimme und sorgen oft schlecht für uns. Und so entstehen viele Probleme: Wir entwickeln Ängste, fühlen uns unwohl in unserer Haut, trauen uns nicht zu, unsere Ziele zu verwirklichen, rennen falschen Zielen hinterher, werden krank oder fühlen uns einsam und isoliert. Außerdem können Menschen, die sich selbst nicht lieben, auch andere nicht wirklich lieben.

Falls auch du in der Falle der Selbstkritik steckst, dann besteht der wichtigste Schritt erst einmal darin, mehr Verständnis und Mitgefühl für dich selbst zu entwickeln. In Kulturen, die vom Buddhismus geprägt sind, wird gar nicht erst zwischen Mitgefühl und Selbstmitgefühl unterschieden. Der Palibegriff *karuna*, der meist mit »Mitgefühl« oder »Sanftmut« übersetzt wird, bezieht sich auf beides: auf das Mitgefühl für andere Wesen und das Mitgefühl für uns selbst.

»Liebevoll nimm dich an,
bleib achtsam –
jetzt, morgen, immerdar.
Zunächst finde den Weg,
dann lehre andere den Weg
und überwinde auf diese Art das Leid.«

Buddha

Hab keine Angst davor, dich selbst zu lieben. Das hat nichts mit Narzissmus zu tun – es geht ja nicht darum, dass du dich besonders toll und allen anderen überlegen fühlst. Sanftmut, Freundlichkeit und Offenheit gegenüber deinen eigenen Bedürfnissen, deinen Problemen und deinen Leiden sind nicht egoistisch – ganz im Gegenteil: Tatsächlich öffnet erst Selbstmitgefühl deinen Geist und macht dein Herz für die Schwierigkeiten empfänglich, unter denen auch andere Menschen leiden.

Hinter wahrem Selbstmitgefühl steckt niemals der Versuch, unsere eigenen Schwächen und Fehler zu übersehen. Es geht vielmehr darum, uns trotz all unserer vermeintlichen oder echten Schwächen und Fehler selbst zu mögen und zu akzeptieren. Jeder Mensch hat das Recht, angenommen und geliebt zu werden – erst recht von sich selbst. Und natürlich bildest du da keine Ausnahme …

»Möge ich glücklich sein.« »Möge ich frei von Leiden sein.« Die Formel »Möge ich …« wird sehr häufig in buddhistischen Meditationen und insbesondere bei der Metta-Meditation verwendet. Dabei handelt es sich nicht um Positives Denken oder Affirmationen. Kein Buddhist käme auf die Idee, in der Meditation einen Satz wie »Ich bin vollkommen ruhig und voller Freude« zu verwenden – denn wenn wir eben nicht völlig ruhig und freudvoll sind (und wann sind wir das schon?), gaukeln wir uns dabei nur etwas vor.

Die »Möge ich …«-Formulierung gleicht vielmehr einem Wunschgebet, das den Geist mit guten Gefühlen durchtränkt. Es geht darum, dass wir uns selbst oder anderen mitfühlende Wünsche schicken, so wie das ja auch beim Segnen geschieht. Ebenso wie die buddhistische Metta-Meditation zielt auch das Segnen darauf ab, für andere Glück und Schutz zu erbitten. Im Buddhismus werden diese mitfühlenden Wünsche jedoch nicht an ein höheres Wesen, sondern an den »Buddha in uns«, an unsere innere Quelle gerichtet. Das heißt auch, dass wir nicht einfach passive Empfänger einer Wohltat sind, sondern dass wir selbst das Netz der Verbindung aller Dinge zum Schwingen bringen.

Herzmeditation: Möge ich frei von Leiden sein

In der folgenden Meditation segnest du dich gewissermaßen selbst. Du kannst den liebevollen Wunsch flüstern oder ihn innerlich aussprechen, also konzentriert denken. Wenn du in heilvoller, guter Absicht meditierst, wird sich dein Herz mit der Zeit dadurch mehr und mehr öffnen. Wähle für diese Meditation nur einen Satz – einen positiven Wunsch, den du dir selbst schickst. In der klassischen Metta-Meditation wird eine ganze Reihe von Sätzen benutzt, die in fester Reihenfolge wiederholt werden. Es hat sich aber gezeigt, dass die Arbeit mit nur einem Satz für viele von uns und erst recht für Meditationsanfänger einfacher und effektiver ist. Hier sind einige Sätze, aus denen du einen auswählen kannst – aber natürlich kannst du auch deine eigene Formulierung benutzen:

- »Möge ich glücklich sein.«
- »Möge ich frei von Leiden sein.«
- »Möge ich sicher und geborgen sein.«
- »Möge ich friedvoll sein.«
- »Möge ich gesund sein.«
- »Möge ich heiter und gelassen sein.«
- »Möge ich frei von Angst sein.«

Ganz gleich, welchen Satz du wählst – die Meditation läuft immer gleich ab. Als Beispiel wollen wir sie dir mit dem Satz »Möge ich frei von Leiden sein« beschreiben:

- Leg eine bestimmte Zeit für die Meditation fest. Ganz gleich, ob das nun fünf oder dreißig Minuten sind: Es sollte klar sein, wann die Meditation beginnt und wann sie endet.
- Wähle eine bequeme Sitzstellung, in der du stabil und zugleich aufrecht sitzt, und schließ die Augen.
- Nimm dir ein paar Atemzüge lang Zeit, um zur Ruhe zu kommen. Lass zu, dass sich dein Gesicht, deine Schultern, Brust und Bauch entspannen. Beobachte einfach nur, wie der Atem ein- und wieder ausströmt, aber lass deinen Atem so sein, wie er ist, ohne etwas zu verändern.
- Erinnere dich jetzt an einen Augenblick in deinem Leben, als du vollkommen glücklich warst und dich geborgen und wohlgefühlt hast: vielleicht an einem See, am Strand, in einem Wald oder mit einem lieben Menschen. Tauche für einen Moment tief in diese Erinnerung ein und versuche noch einmal zu fühlen, was du

damals gefühlt hast. Wecke eine schöne Empfindung in dir.

- Lass deine Achtsamkeit ganz bei deinem Atem sein und denke oder flüstere nun beim Einatmen: »Möge ich …« und während du ausatmest »… frei von Leiden sein«. Wiederhole diese Formel immer wieder ruhig und entspannt in deinem eigenen Atemrhythmus. Denk nicht zu viel nach – lass einfach nur den Atem kommen und gehen und wiederhole immerzu die Worte, durch die du dir selbst Mitgefühl schenkst.
- Es ist möglich, dass sich mit der Zeit sehr angenehme Gefühle einstellen. Es ist auch möglich, dass du traurig wirst, da du merkst, wie sehr du dich bisher vernachlässigt hast. Und ebenso gut kann es sein, dass du gar nichts spürst und es dir seltsam vorkommt, diesen Satz zu wiederholen. Aber weißt du was? Das ist vollkommen egal. Kümmere dich nicht um Resultate. Befreie dich von Erwartungen. Wiederhole nur geduldig und beharrlich den Satz »Möge ich frei von Leiden sein«. Du musst nichts tun und nicht versuchen, bestimmte Gefühle zu erzeugen, denn das Wesentliche geschieht ohnehin unter der Oberfläche.
- Irgendwann (und wahrscheinlich sehr schnell) werden deine Gedanken abschweifen. Du wirst über alles Mögliche nachdenken, Pläne schmieden, Tagträumen nachhängen, innere Dialoge führen … Das macht nichts und ist Teil der Übung. Bemerke einfach, dass dein Geist nicht mehr bei dem Satz ist, und kehre

dann geduldig zu deinem Atemrhythmus und den Worten zurück.

- Ruhe bewahren, die Worte in deinem Atemrhythmus pendeln lassen, den Körper entspannen und Erwartungen loslassen – mehr gibt es wirklich nicht zu tun.
- Wenn du die Übung beenden willst, kannst du deine Achtsamkeit noch einmal auf den Körper lenken. Spür deine Beine, deinen Rücken, Gesicht, Schultern, Brust und Bauch – atme tief durch und öffne dann wieder die Augen.

Andere lieben lernen

Martin Buber sagte, dass der Mensch am Du zum Ich wird. Nur durch die Begegnung und die Verbundenheit mit anderen Menschen können wir werden, wer wir wirklich sind. Wenn du nicht gerade ein Einsiedler bist – und natürlich wissen wir, dass du das nicht bist –, dann triffst du täglich viele Menschen. Aber wie viele davon siehst du wirklich?

Klar: Deine eigenen Kinder, die beste Freundin, nähere Verwandte und vielleicht noch deinen Partner – die siehst du recht gut. Zumindest phasenweise, wenn es dir gelingt, ihnen wirklich deine ganze Aufmerksamkeit zu schenken, ohne nebenbei an anderes zu denken oder mit dem Smartphone zu spielen.

Aber was ist mit all den anderen Menschen, die deinen Weg Tag für Tag kreuzen? Was ist mit deinen Kollegen, dem Postboten, den Leuten im Bus, den Kindern auf der Straße, der Kassiererin im Drogeriemarkt oder den anderen Hausbewohnern?

Nur sehr selten nehmen wir die Menschen, die wir treffen, achtsam und bewusst wahr. Meist sind sie nur Teil der Kulisse, durch die wir uns bewegen, während wir in unsere eigenen Gedanken versunken sind. Wir empfinden sie als Passanten, als Nebendarsteller – als mehr oder weniger Fremde. Wir spüren wenig oder keine Verbundenheit.

Nun liegt das allerdings gar nicht an den anderen Menschen, sondern an unserer Wahrnehmung: Wenn wir mit Scheuklappen durchs Leben gehen, übersehen wir viel. Wenn wir andere durch die Brille unserer Bewertungen und Urteile anschauen, entgeht uns ebenfalls so einiges – zum Beispiel unsere innere Verbundenheit zu ihnen. Unsere Bewertungen und Urteile sind wie Grenzzäune, die wir in unserem Kopf zwischen uns und andere ziehen. Die Zäune sind aber nicht real, sie trennen nur dadurch, dass wir sie für real halten.

Was wäre aber, wenn wir ohne das Gefühl, uns von anderen abgrenzen zu müssen, leben würden? Was würde passieren, wenn wir unseren Ängsten und Ressentiments nicht länger folgen würden? Was, wenn wir aus dem Halbschlaf erwachen, unsere Urteile hinter uns lassen und anderen unser Herz öffnen könnten?

Die anderen sind nicht der Feind. Und sie sind auch keine Kulisse. Menschen sind echt. Und wenn wir beginnen, sie als wirklich und lebendig zu erkennen, werden wir uns auch selbst wieder lebendiger fühlen.

Aristoteles sagte, dass wir Wesen der Verbundenheit sind. Der Mensch ist ein »zoon politikon« – ein Gemeinschaftswesen. Nur wenn wir uns zugehörig fühlen, wenn wir uns selbst also nicht nur als »Ich« begreifen, sondern ebenso als Teil eines Ganzen, können wir über uns hinauswachsen.

Anderen Menschen zuzuhören, sie zu unterstützen und sich mit ihnen auszutauschen, all das ist zutiefst menschlich. Es bieten sich unendlich viele Möglichkeiten, mit anderen in Resonanz zu treten und uns mit ihnen verbunden zu fühlen. Es ist nicht schwer:

- Wann immer du einem anderen Menschen begegnest, kannst du dich entspannen und dich ihm achtsam zuwenden. Hör zu, was er dir sagen möchte. Bleib freundlich und offen.
- Falls du auf Leute triffst, die du nicht magst oder die sich schlecht benehmen, dann erkunde einmal, was geschieht, wenn du nicht urteilst und verurteilst, sondern nach dem suchst, was euch als Menschen verbindet. Mach dir bewusst, dass schwierige oder feindselige Menschen genauso wie alle anderen Probleme haben und Enttäuschungen erleben; je aggressiver oder ignoranter sie auftreten, desto größer ist wahrscheinlich ihr Leiden, da sie letztlich immer nur gegen sich selbst kämpfen. Glückliche Menschen sind hingegen immer freundlich und friedfertig.

- Versuche, andere nicht mit deinem Kopf zu erfassen, sondern schau sie mit deinem Herzen an.
- Sei kein Richter, sei ein Liebender.

Eine Schale Tee

Ein junger Mann trat vor den Meister und bat um Belehrung.
Der Meister nickte freundlich. »Warst du schon einmal hier?«
»Nein, Ehrwürdiger«, gab der Schüler zurück.
Der Meister lächelte. »Dann setz dich erst einmal hin und trink eine Schale Tee.«
Kurz darauf kam ein zweiter Jüngling, der des Meisters Belehrung erbat.
Der Meister nickte freundlich. »Warst du schon einmal hier?«
»Ja, Ehrwürdiger«, antwortete der Schüler.
Der Meister lächelte. »Dann setz dich erst einmal hin und trink eine Schale Tee.«
Ein Schüler hatte das gehört und fragte den Meister: »Meister, ich verstehe nicht. Der eine hat Nein gesagt, der andere Ja – und doch habt Ihr beide Male das Gleiche getan.«
Der Meister lächelte. »Nun setz dich erst einmal hin und trink eine Schale Tee.«

Meditation – der innere Weg

Mitfühlender leben, sein Herz öffnen, sich selbst und andere freundlich behandeln und sich seinen Mitmenschen innerlich verbunden fühlen – das hört sich alles großartig an. Und sicher ahnst du, dass diese Haltung dein Leben auf wundervolle Weise verändern könnte. Fragt sich nur noch, wie das denn praktisch gehen soll.

Grundsätzlich gibt es zwei Wege, die wir parallel beschreiten sollten, um die Kraft unseres Herzens zu wecken: den äußeren Weg der tätigen Güte und den inneren Weg der Meditation, um den es im Folgenden gehen soll.

Buchverlage legen großen Wert darauf, dass ihre Autoren beim Schreiben die richtige Zielgruppe ansprechen. Und obwohl wir dich natürlich nicht kennen, ist es doch recht wahrscheinlich, dass du als Leserin oder Leser spiritueller Bücher schon einige Erfahrungen mit Meditation gesammelt hast. Doch auch wenn nicht, spielt das keine Rolle, denn jeder von uns hat bereits viele Male in seinem Leben meditative Zustände erlebt. Spontane Erlebnisse dieser Art können sich zum Beispiel einstellen, wenn wir in der Natur sind, den Sternenhimmel oder

Sonnenuntergang beobachten, wenn wir Musik hören, malen, stricken oder unsere Katze streicheln. Als spielende Kinder haben wir besonders viele dieser vollkommenen Augenblicke erlebt, in denen das Denken ganz still wurde und wir sorglos und geborgen im Hier und Jetzt sein konnten.

Auch Buddhas Weg zur Befreiung hat seinen Ursprung in einer Erinnerung an seine Kindheit: Eines Tages erinnerte sich Buddha, während er im Schatten eines Baumes saß, wie er vor langer Zeit als Kind unter einem Rosenapfelbaum in einen Zustand vollkommener Achtsamkeit, Entspannung und innerer Sammlung eingetreten war. Die Erinnerung an dieses Erlebnis sollte der Grundstein für seine Befreiungslehre werden.

Was ist Meditation?

Es hat sich inzwischen herumgesprochen, dass Meditation ein ganz normaler menschlicher Bewusstseinszustand ist, der nichts mit Esoterik, Engeln oder Gurus mit Rauschebart zu tun hat. Jeder Mensch kann meditieren – nicht nur auf einem Meditationskissen, sondern auch im Wald, am Strand, im Zug oder im Straßencafé. Ob wir meditative Erfahrungen aber dem Zufall überlassen oder sie gezielt kultivieren wollen, ist eine andere Frage.

Mit der Meditation ist es so ähnlich wie mit Vanille oder Mozart-Sinfonien: Versuch mal, sie zu beschreiben. Viel Spaß dabei ... Mit Worten lässt sich auch Meditation einfach nicht beschreiben. Einige Definitionen vermitteln aber zumindest eine Ahnung.

Die klassische Yogadefinition des indischen Gelehrten Patanjali, der vor über zweitausend Jahren lebte, lautet: »Meditation ist das Zur-Ruhe-Bringen der Gedankenbewegungen.«

Neurowissenschaftler definieren Meditation heute als einen Gehirnzustand, der durch erhöhte Gammawellen und eine stärkere Synchronisation der Hirnaktivität gekennzeichnet ist.

Alles klar? Nein? Macht nichts. Letztlich ist Meditation einfach nur eine Geistesschulung, die sich seit Tausenden von Jahren bewährt hat, um in sich selbst ruhend zu sich zu kommen. Sie hilft uns zu finden, wonach wir uns im Grunde alle sehnen: innere Ruhe, Heiterkeit, Frieden, Gelassenheit und einen Geist, der frei von Sorgen und Problemen ist.

Die Wirkungen regelmäßiger Meditation sind inzwischen gut erforscht. So wissen wir beispielsweise, dass Meditierende ihr Immunsystem stärken, besser schlafen, weniger Stress empfinden, ihren Blutdruck senken, Ängsten und Depressionen entgegenwirken und ihre Konzentrationsfähigkeit erhöhen. Falls du Lust und ein paar Tage Zeit hast, kannst du dir zu den positiven Wirkungen von Meditation auf Körper und Geist im Internet Hunderte von Studien durchlesen. Willst du aber wirklich wissen, wie sich dein Leben durch Meditation verändern wird, hilft nur eins: Schließ die Augen und meditiere.

Ruhe – Einsicht – Mitgefühl

Meditation ist nicht gleich Meditation. Die buddhistische Praxis ruht auf drei Säulen – der Samatha-, Vipassana- und Metta-Meditation. Verschiedene Traditionen betonen verschiedene Methoden. Letztlich ist es vor allem eine Typfrage, welche der drei Säulen dich in deiner spirituellen Entwicklung am besten unterstützt.

- In der Samatha-Meditation konzentrierst du dich »einpunktig« auf ein einziges Objekt – meistens auf den Atemstrom. Dabei werden unterschiedlich tiefe Versenkungszustände erreicht, die teils glückselige Erfahrungen hervorrufen.
- Die Vipassana-Meditation entspricht weitgehend dem, was wir als Achtsamkeitsmeditation kennen. Nach einer anfänglichen Phase der Konzentration öffnest du deinen Geist und wendest dich allen Phänomenen zu, die du im Feld deines Bewusstseins ausmachen kannst – ganz gleich ob das Geräusche, Gedanken, Körperempfindungen oder Gefühle sind. Du beobachtest all diese Dinge einfach nur wach und entspannt, ohne etwas zu verurteilen oder zu bewerten. Diese Form des reinen Beobachtens wird auch als »offenes Gewahrsein« bezeichnet. Sie führt zu tiefen Einsichten, weshalb Vipassana auch als »Einsichtsmeditation« bekannt ist.
- In der Metta-Meditation öffnest du dein Herz und kultivierst Mitgefühl für dich selbst und andere

Menschen. Diese Meditationsform heißt auch »Liebende-Güte-Meditation«. In der Metta-Meditation wiederholst du wohlwollende Sätze, die ähnlich wie Wunschgebete oder Segnungen eine gütige, sanftmütige Haltung gegenüber allen fühlenden Wesen zum Ausdruck bringen. Du hast in einer der ersten praktischen Anregungen in diesem Buch bereits eine Erfahrung damit machen können.

Meditation und Mitgefühl

Du kannst meditieren, um ruhiger und entspannter zu werden. Du kannst die Meditation auch nutzen, um dich von Ängsten zu befreien oder Gelassenheit zu üben. Aber eben auch, um Mitgefühl für dich selbst und andere zu entwickeln und deine Verbundenheit zu allen Wesen zu stärken. Die Intention ist entscheidend. Auch wenn du *in* der Meditation alle Ziele und Erwartungen hinter dir lassen solltest – *vor* der Meditation solltest du dich entscheiden, wohin die Reise gehen soll.

Durch regelmäßiges Meditieren werden Hirnareale aktiviert, die für Mitgefühl und Empathie sowie soziale Verbundenheit entscheidend sind. Interessanterweise fanden die Forscher, die das untersuchten, heraus, dass es keine große Rolle spielt, welcher der drei oben genannten buddhistischen Meditationswege eingeschlagen wird. Das Meditieren an sich führt letztendlich immer zu mehr Mitgefühl und einem achtsameren Umgang mit uns selbst und unserer Umwelt. Dennoch wollen wir in diesem Buch die »Herzmeditationen« betonen, und das aus gutem Grund: Herzmeditationen dienen eben nicht vorrangig dazu, ausgeglichener, ruhiger und glücklicher zu werden, sondern wenden sich direkt dem Ziel zu, mit dem Herzen sehen zu lernen. Ausgeglichenheit, Ruhe und Lebensglück stellen sich dann einfach als »Nebenwirkungen« ein.

Nichts zu geben

Ein junger Mann lernte viele Jahre bei einem sehr guten Lehrer. Doch eines Tages sagte dieser: »Ich glaube, ich kann dich nichts mehr lehren. Du brauchst nun einen wahren Meister.«

Der Schüler war traurig darüber, seinen Lehrer verlassen zu müssen, doch er war auch ein wenig stolz darauf, dass er so weit fortgeschritten war. So verneigte er sich und fragte: »Verehrter Lehrer, was kann mir ein wahrer Meister geben?«

Der Lehrer schüttelte den Kopf: »Nichts, was du nicht schon hast.«

Enttäuscht sah der Schüler den Lehrer mit großen Augen an. Der lächelte und sprach: »Aber er kann dir vieles nehmen, was nicht deine wahre Natur ist.«

Güte – der äußere Weg

Gäbe es eine Liste der bedrohten Wörter, so stünde »Güte« da ganz bestimmt mit drauf. Güte ist nicht gerade ein Alltagswort. Heute sind wir vielleicht nett oder freundlich. Mitfühlend oder liebevoll ist gerade noch okay, aber gütig? Das sagt wohl kaum noch jemand, außer ein paar Priestern und Philosophen oder dem Opa, wenn er ein Märchen über einen gütigen König vorliest.

Wenn wir von Güte reden, denken wir vielleicht an den Dalai Lama oder Albert Schweitzer. Möglicherweise taucht in unserem Inneren auch das Bild einer alten Bergbäuerin mit tiefen Lachfalten und sonnengegerbter Haut auf, die durch die Aufzucht ihrer acht Kinder und doppelt so vieler Enkel weise geworden ist und mit strahlenden Augen auf der Bank vor ihrem Bauernhof sitzt. Doch Güte ist kein Privileg von Gottesdienern, Märchenerzählern oder Almbäuerinnen. Güte ist etwas, wonach jeder Mensch streben sollte. Jeder kann gütig sein; und unsere Welt wäre eine andere, wenn das möglichst viele von uns erkennen würden.

Du bist gütig, wenn du anderen gegenüber wohlwollend, freundlich und nachgiebig bist. Güte tritt zutage, wenn du mitfühlend bist und aufhörst, andere Menschen zu beurteilen, und ihnen stattdessen dein Herz öffnest.

Christen sehen in Güte und Barmherzigkeit eine der wichtigsten göttlichen Eigenschaften, und auch in buddhistisch geprägten Kulturen spielt die Güte eine große, wenn nicht sogar die Hauptrolle. »Meine Religion ist die Güte«, sagt der Dalai Lama und fügt hinzu, dass die auf Liebe und Güte gegründete Verantwortung eine Überlebensfrage der ganzen Menschheit ist.

Meditation und Güte sind die beiden Schlüssel, mit denen du dein Herz öffnen kannst. Und beide hängen eng zusammen und verstärken sich gegenseitig: Wenn du regelmäßig meditierst, wirst du irgendwann bemerken, dass sich deine Feinde in Freunde verwandeln. Umgekehrt wird deine Meditation umso klarer, tiefer und befreiender, je mehr Güte du auch im Alltag praktizierst.

»Und ebenso, ihr Mönche, wie die Sonne nach dem großen Regen die dunklen Wolken vertreibt und alles erstrahlen lässt, sobald sie am Himmel erscheint (…), ebenso, ihr Mönche, leuchtet und glänzt die Herzensgüte und überstrahlt alles Bemühen um religiöse Verdienste.«

Buddha

Ein gütiges Herz ist der größte aller Schätze. Weitaus wertvoller als eine Luxusvilla am Gardasee. Durch Güte schaffst du gutes Karma, was durch den Erwerb einer Villa eher unwahrscheinlich ist. Das Leben ist wie ein

Spiegel: Je gütiger und freundlicher du in die Welt blickst, desto freundlicher sieht sie dich an. Je gütiger du anderen begegnest, je weniger du sie verletzt und je mehr du sie in ihrem Sosein akzeptierst, desto mehr Verständnis und Mitgefühl wirst du auch selbst erfahren. Mit anderen Worten: Wenn du geliebt werden willst, dann liebe …

Im Buddhismus wird Güte zu den Brahmaviharas gezählt, den »vier unermesslichen Geisteshaltungen«, die im Theravada- und Mahayana-Buddhismus eine Grundlage für verschiedene Meditationsübungen bilden. Eine dieser vier »unermesslichen Geisteshaltungen«, ist *Metta*, die liebende Güte. Liebende Güte ist frei von Anhaftung und Eigeninteresse. Sie kennt keine Hintergedanken und fordert keine Gegenleistungen.

Wer liebende Güte praktiziert, beeinflusst dadurch nicht nur seine Gefühle, sondern auch seine Motivation und sein Handeln. Und wie so oft macht Übung den Meister. Wir können nur zu Liebenden werden, wenn wir lieben – je öfter, desto besser. Die folgenden »Gütetipps« lassen sich auf diesem Weg leicht umsetzen:

- Erwarte nicht zu viel von anderen.
- Halte immer wieder einmal inne, um achtsam zuzuhören oder achtsam hinzusehen.
- Bleib freundlich. Vor allem dann, wenn es dir schwerfällt.
- Lächle öfter einmal – nicht nur mit dem Mund, sondern auch aus den Augen und aus dem Herzen.

Die beiden Mönche und das Mädchen

Zwei fromme Mönche pilgerten einst zum Jetavana-Hain, um den Lehren des Buddha zu lauschen. Beide waren noch jung, und ihre Gelübde waren ihnen heilig. Insbesondere die Gebote des Schweigens, des Mitgefühls und der Keuschheit nahmen sie sehr ernst. Sobald die Sonne aufging, rezitierten sie die Verse aus den heiligen Sutras und verbrachten anschließend viele Stunden in tiefer Meditation. Bis die Sonne im Zenit stand, schwiegen sie. Und wann immer ihnen eine Frau auf dem Weg begegnete, wandten sie rasch die Augen ab.

Eines Morgens, die Mönche hatten bereits ihre Rituale verrichtet, gelangten sie zur Furt eines großen Flusses. Der Fluss führte zwar Hochwasser, doch für einen kräftigen und nicht zu kleinen Mann war es immer noch ein Leichtes, ihn an dieser Stelle zu überqueren. Zwar würde ihm das Wasser bis an die Brust reichen, aber es war nicht so reißend, als dass es ihn mit sich genommen hätte. Die beiden Mönche hatten schon weitaus schwierigere Gefahren auf ihrer Wanderung gemeistert.

Als sie dem Fluss näherkamen, wurden sie eines jungen Mädchens in voller Blüte gewahr. Die Mönche wandten ihren Kopf von dem verführerischen Bild ab. Das Mädchen jedoch lief zu ihnen, zupfte an ihren Roben und sprach unter Tränen: »Liebe Brüder, helft mir! Meine Eltern sind gestorben und die einzigen Verwandten, die ich noch habe, leben jenseits des Flusses. Könnt ihr mich auf den Schultern über den Fluss tragen?«

Die Mönche sahen sich an. Sie sprachen kein Wort, denn es war noch Schweigezeit. Dann gingen sie wortlos weiter zum Fluss. Das Mädchen lief ihnen hinterher und flehte sie an, ihr zu helfen. Schon waren sie einige Schritte weit im Wasser, da sahen sich die Mönche nochmals an. Der eine schüttelte entschlossen den Kopf, der andere lächelte, schloss kurz die Augen, dann wandte er sich dem Mädchen zu und hob es auf seine Schultern.

Unbeschadet erreichten sie das andere Ufer. Der Mönch, der das Mädchen getragen hatte, setzte sie ab und wandte sich sogleich um. Unter den Dankesbezeugungen der jungen Frau zogen die frommen Männer schweigend weiter, denn es waren noch zwei Stunden bis zum Mittag.

Als schließlich die Sonne an ihrem höchsten Punkt am Firmament stand, endete die Schweigezeit und der eine Mönch sprach zum anderen: »Höre, Bruder, was mir nicht aus dem Sinn geht: Was empfindest du, dass du diese junge Frau berührt hast? Und wie willst du es rechtfertigen, dass du das Gelübde gebrochen hast, keine Frau zu berühren?«

Da lachte der andere und sprach: »Halt ein, Bruder! Ich habe das Mädchen nur kurz über den Fluss getragen, weil ich meinem mitfühlenden Herzen gefolgt bin. Das Einzige, was ich empfinde, ist Verbundenheit. Und während ich das Mädchen längst am anderen Ufer abgesetzt habe, trägst du sie immer noch mit dir herum!«

Wann, wenn nicht jetzt?

Wir leben in schwierigen Zeiten. Kriegerische Konflikte, Klimawandel und Pandemien sind nur einige der immensen Herausforderungen unserer Tage, und sie bedrohen die ganze Menschheit. Die Dinge, die wir täglich in der Zeitung lesen und die »da draußen« passieren, können starke Ängste erzeugen. Das bringt viele von uns dazu, den Kopf in den Sand zu stecken. Dabei wissen wir ja eigentlich alle, dass sich Schwierigkeiten durch Wegschauen nicht lösen lassen. Je drängender sie sind, desto schneller sollten wir den Kopf wieder frei kriegen und uns den Problemen des Lebens zuwenden, statt uns abzuwenden.

Andernfalls ergeht es uns wie einem Touristen, der in der Ferne einen dicken wütenden Elefanten sieht, der auf ihn zustürmt. Statt wegzulaufen oder sich zu verstecken, bleibt der Mann jedoch unbekümmert auf seinem Campinghocker sitzen, schaut in den Himmel, spielt mit seinem Handy und schmiedet Zukunftspläne. Der Elefant kommt indes näher, doch der Tourist will es nicht wahrhaben. Und natürlich ist es irgendwann zu spät, um noch zu reagieren, denn wenn der Elefant erst riesengroß vor seiner Nase steht, hilft nur noch ein Stoßgebet. Und auf Beten ist ja bekanntlich nicht immer Verlass ...

Die Veränderung des Klimas, neuartige Viren, die die Welt bedrohen, Hungersnöte, Flüchtlingsströme ... Der Elefant ist schon ganz schön nah. Doch zum Glück haben inzwischen sehr viele von uns begonnen, aktiv zu werden und die Dinge in die Hand zu nehmen. Jede Krise birgt bekanntlich eine Chance. Ein neues Bewusstsein ist um uns herum erwacht. Immer weniger Menschen sind bereit, dem zerstörerischen Treiben von Autokraten und skrupellosen Konzernen länger tatenlos zuzuschauen. Wir beobachten, wie die Zivilgesellschaft immer enger zusammenrückt, wie sie wächst und ihr Engagement verstärkt.

Das global erwachende Bewusstsein und die Einsicht, dass wir gemeinsam stärker sind und sehr viel mehr bewirken können als allein, markiert eine neue Phase in der Geschichte der Menschheit. Heute sind Schätzungen zufolge weltweit rund zwei Millionen Organisationen tätig, die für mehr soziale Gerechtigkeit und ökologische Nachhaltigkeit kämpfen.

Der Wandel hat längst begonnen und jeder, der will, kann ein Teil davon sein. Auch wenn wir von den zahlreichen Problemen, die noch zu lösen sind, manchmal geradezu überwältigt sind, so können wir in den gegenwärtigen Krisen doch auch die Erfahrung machen, wie wichtig Mitgefühl und Verbundenheit als Basis für dringend notwendige Veränderungen sind.

Ob es nun um unser persönliches Glück oder das Überleben der Gesellschaft geht: Nur wenn wir Wege finden, den liebevollen und mitfühlenden Teil in uns zu wecken, können wir uns wirklich mit unseren Mitmenschen verbinden und gemeinsam Unglaubliches bewirken. Dabei kommt es auf jeden Einzelnen an – auch auf uns, auch auf dich. Warte nicht, bis dir der Elefant mit seinen Stoßzähnen allzu nahe kommt und dich mit dem Rüssel stupst, denn dann ist es vielleicht zu spät …

Chandras Einsicht

Zu der Zeit, als Buddha noch auf der Erde wandelte, lebte in einem kleinen Dorf eine junge Frau namens Chandra. Sie hatte vor Kurzem ihren Sohn, Krishna, geboren und lebte mit ihrem Mann in bescheidenem Wohlstand und Glück. Doch nach nur zwei Jahren wurde der kleine Krishna plötzlich krank und immer kränker und starb schließlich. Chandras Trauer war tiefer als der Ozean, reichte über die heiligen Berge und die Sterne hinaus. So tief und weit und groß war ihre Trauer, dass sie nicht mehr wusste, was war und was nicht. Sie trug den kleinen Leib Krishnas umher und fragte jeden, dem sie begegnete, ob er denn nicht eine Medizin habe, die ihren Sohn wiedererwecken könnte?
Nun begab es sich, dass gerade Buddha durch das Dorf kam. Als Chandra auch ihn um eine Medizin bat, sah er sie voller Mitgefühl an und sprach: »Ich werde dir helfen, dein Leid zu überwinden.«
Chandra sah ihn hoffnungsvoll an.
»Dazu musst du mir eine Handvoll Reis bringen.«
Chandra nickte eifrig. »Ja, Ehrwürdiger.« Sie wollte sich schon zum Gehen wenden, da hob der Buddha die Hand. »Eines noch: Der Reis muss von einer Familie gespendet werden, in der noch nie jemand einen geliebten Menschen verloren hat.«
Chandra ahnte, dass dies eine schwere Aufgabe würde, doch sie ging von Haus zu Haus und fragte, ob man ihr eine Schale Reis geben könne. Die meisten waren bereit

zu geben – doch jeder hatte irgendeinen Freund, eine Tochter, einen Sohn, eine Ehefrau, einen Ehemann, einen Vater, eine Mutter verloren und betrauert.

Nach dem dritten Haus begann Chandras Herz sich zu regen, anders als zuvor. Und es war, als würde ein Schleier von ihren Augen gezogen. Sie erkannte, dass Trauer und Verlust unausweichlich waren – aber auch, dass alle Wesen diesem Kreislauf unterworfen waren, dass sie nicht allein war, dass keiner von Verlust und Trauer verschont bliebe. Und so verwandelte sich ihre grenzenlose Trauer in Mitgefühl mit allen leidenden Wesen.

Die anderen mit Liebe anstecken

Jetzt in diesem Augenblick: Hast du gerade gute oder schlechte Laune? Bist du besorgt, entspannt, verärgert oder unruhig? Wie ist deine Stimmung – deine »innere Schwingung«?

Stopp!

Lies jetzt nicht gleich weiter, sondern gib dir etwas Zeit, deine momentane Stimmung zu erkunden.

…

Falls du noch nicht erleuchtet sein solltest, was ja gut sein könnte, dann wirst du ebenso wie alle Menschen mehr oder weniger stark von deinen Launen beeinflusst: Mal geht es bergauf, mal bergab, mal wachen wir fröhlich pfeifend auf, während ein anderes Mal schon der ganze Tag für die Katz ist, bevor wir auch nur einen Fuß aus dem Bett gestreckt haben. Manche von uns fahren Achterbahn – sie wechseln in rasantem Tempo zwischen »himmelhoch jauchzend« und »zu Tode betrübt«. Bei anderen sind die Stimmungsschwankungen unauffälliger, sie fahren eher im Karussell wieder und wieder im Kreis. Manche von uns stecken oft sehr lange in bestimmten Gefühlszuständen fest, bevor sie wieder hinausfinden. So ist das eben – da kann man nichts machen.

Oder doch?

Aus Sicht der Achtsamkeit ist es wichtig, unsere jeweilige Stimmung als Ausdruck unserer Lebendigkeit zu akzeptieren, ohne einzugreifen. Auf der anderen Seite ist es aber wiederum nicht sinnvoll, sich hängenzulassen oder die schlechte Laune in sich zu nähren. Also was tun? Die Dinge laufen lassen und achtsam beobachten? Oder lieber das Positive in uns wecken und die Richtung wählen, in die wir uns bewegen wollen?

Scheinbar widersprechen sich diese beiden Ansätze. Doch das tun sie nur theoretisch, denn im echten Leben ist es durchaus möglich, loszulassen und achtsam zu bleiben, ohne sich deshalb hängenzulassen.

Stimmungen und Gefühle sind ansteckend. Und da wir andere mit unserer Stimmung anstecken, geht es nicht mehr nur um uns. Was immer du aussendest, wird von anderen empfangen. Du hast eine Verantwortung, denn du wirkst.

Reflexion:
Werde dir deiner Ansteckungskraft bewusst

Mach es dir gemütlich, schenk dir eine Tasse Tee ein und frage dich einmal: Was strahle ich aus, wenn ...

- ich mich über andere ärgere?
- ich ungeduldig bin und nur mit einem Ohr zuhöre?
- ich mir Sorgen um andere Menschen mache?
- ich grübelnd in meinen Gedanken festhänge?
- mir alles zu viel wird?

Atme einige Male entspannt durch – und dann frage dich: Was strahle ich aus, wenn ich ...

- begeistert bin?
- die Ruhe bewahre?
- meinem Herzen folge?
- aufmerksam und offen bin?
- Verständnis für meine Gesprächspartner zeige?

Wiederhole das nun noch einmal, doch schließ diesmal die Augen und lass zu jedem Punkt eine Erinnerung in dir auftauchen – eine konkrete Situation, in der du zum Beispiel verärgert, ungeduldig oder aber entspannt und offen warst. Kannst du dich daran erinnern, was du damals gefühlt hast? Und auch, wie die Menschen um dich herum jeweils reagiert haben?

Die Stimmung, in der du steckst, strahlst du auch aus. Bestimmt hast du schon gemerkt, wie ansteckend Gefühle sind. Wie schnell ist unsere gute Laune dahin, wenn jemand ins Zimmer kommt, der gestresst, angespannt und mies gelaunt ist! Und umgekehrt ist es sehr wohltuend und erfrischend, wenn wir einem freundlichen, heiteren Menschen begegnen.

Nicht nur Viren sind ansteckend – auch ein Lächeln, eine freundliche Haltung oder Offenheit sind ansteckend. Sogar Achtsamkeit und Gelassenheit übertragen sich auf andere. Und gegen eine Welle von Mitgefühl und Güte hilft weder Händewaschen noch Mundschutz. Ja nicht einmal Social Distancing kann vor selbstloser Liebe schützen. Denn auch wenn wir körperlich getrennt sind, können wir doch geistig verbunden sein – das sehen wir ja zum Beispiel bei Menschen, die durch Kriege oder Katastrophen für lange Zeit von ihren Familien getrennt werden, sich innerlich aber weiterhin mit ihnen verbunden fühlen. Und wir wissen es auch selbst, denn wenn wir an jemanden denken, dem wir uns nah fühlen, können wir diese Nähe auch empfinden, ganz gleich, wie weit der andere räumlich entfernt ist.

Deine Ausstrahlung wirkt sich auf jeden Menschen aus, dem du begegnest. Trotzdem heißt das nicht, dass du jetzt wie ein Smiley durch die Gegend laufen sollst. Wenn du traurig bist, dich erschöpft fühlst oder dich über etwas aufregst, dann ist das eben so. Doch manchmal – und gar nicht mal so selten – haben wir eine Wahl. Dann können wir innehalten und uns entscheiden, ob wir uns in belastenden Gefühlen verstricken oder ob wir loslassen und den Fokus auf die Kraft unseres Herzens lenken. Wir können unseren inneren Sender auf »Herzfrequenz« einstellen und dadurch die Atmosphäre um uns herum jederzeit beeinflussen. Lass also deine liebende Güte in die Welt strahlen – sie kann es gut gebrauchen.

»Ohne Wind kann sich der
Duft der Blüten nicht verbreiten.
Aber auch gegen den Wind
verbreitet sich der Duft des rechten Lebens
in der ganzen Welt.
So lass dein Leben gute Taten flechten,
wie Girlanden,
die aus einem Berg von Blumen quellen.«

Buddha

Der Mönch, der die Liebe vergaß

Der jüngste Sohn der Swamys war ein ernster Junge, und die Leute meinten, er würde wohl einmal ein Heiliger werden. Da es so viele Menschen sagten, ging er tatsächlich schon sehr bald in ein Kloster. Eifrig lernte er die heiligen Gesänge, war Erster beim fehlerlosen Zitieren aller Schriften, war Erster bei der Meditation und der Letzte, der sie beendete. Aber das letzte Geheimnis wollte sich ihm nicht öffnen. Er war nicht heiter und befreit, sondern spürte, dass ihm etwas fehlte. So ging

er denn zum Abt und sprach: »Ehrwürdiger Abt, ich bemühe mich so sehr – aber ich komme nicht weiter.«
Der Abt hob die Brauen. »Komm wieder, wenn du aufgehört hast, dich zu bemühen.«
Der Schüler verstand nicht, aber er hielt fortan seinen Fleiß und seine Wissbegierde zurück, lernte und meditierte weniger – und wurde immer unzufriedener. Also ging er wieder zum Abt. »Ehrwürdiger Abt, ich habe aufrichtig versucht, mich nicht zu bemühen, aber jetzt komme ich noch weniger voran.«
Der Abt lächelte. »Komm wieder, wenn du aufgehört hast, zu versuchen.«
Der junge Mönch ärgerte sich: »Vielleicht wird der alte Klostervorsteher langsam senil? Ach, es ist doch ganz gleich, was ich tue. Ich werde nicht mehr auf den alten Narren hören.«
So stand er auf, wenn er nicht mehr müde war, lernte nur noch aus Neugierde und Wissensdurst und tauchte in den Klang der Mantras ein. Er gab sich mit Freude der Meditation hin und lauschte der leisen Stimme in seinem Herzen.
Eines Tages begriff er plötzlich, was der Abt gesagt hatte, und erlangte die vollkommene Befreiung. Ein großes Lächeln breitete sich auf seinem Gesicht aus. Er suchte den Abt auf, verbeugte sich tief und sprach: »Ehrwürdiger Abt, ich danke Euch, Herr, dass Ihr mich vom Bemühen befreit habt.«
Der Abt lächelte still und trank eine Schale Tee mit seinem Schüler.

Weniger denken, mehr lieben

Unser Kopf ist für viele Dinge recht gut zu gebrauchen. Ohne die Fähigkeit zu denken, würden wir morgens mitunter nicht mal vom Bett ins Bad finden. Wir wüssten erst recht nicht, wann und von welchem Gleis unser Zug fährt, welcher Handytarif der günstigste ist, geschweige denn, wie man ein Formular zum Wechseln des Mobilfunkanbieters ausfüllt. Wann immer es um Fakten, Daten und logische Zusammenhänge geht, tun wir gut daran, uns auf unseren Kopf zu verlassen. Und auch sonst ist es durchaus empfehlenswert, erst einmal seinen Kopf einzuschalten, bevor man Dummheiten begeht …

Doch nicht immer ist unser Kopf das richtige Instrument. Wer eine Violinsonate von Beethoven spielen möchte, braucht dafür eine Geige und kein Mikroskop. Und wenn es um dein Leben, deine Beziehungen, Wünsche, Träume und deine Sehnsucht geht, dann hilft dir Nachdenken leider herzlich wenig.

Glück, Lebensfreude und innerer Frieden lassen sich mit dem Verstand nicht gut erfassen – eher im Gegenteil: Oft sind unsere Gedanken dafür verantwortlich, dass wir unzufrieden sind. Die buddhistische Nonne Ayya Khema schrieb, dass man Probleme denken muss, sonst hat man sie nicht.

Manchmal ist unser nörgelnder Verstand tatsächlich eine wahre Problemerzeugungsmaschine. Kein Wunder, dass Buddhisten in diesem Zusammenhang von Monkey Mind sprechen: Die Affen in unserem Geist führen sich auf wie – na ja, wie wilde, tobende Affen eben. Ein weiser Umgang mit unseren inneren Affen der Sorge, der Wut, Eifersucht, Angst und Unzufriedenheit ist so wichtig für unser Glück, dass wir diesem Thema ein ganzes Buch gewidmet haben (du findest es bei den Literaturtipps im Anhang).

Bestimmt kennst du das Problem sich verselbstständigender und vorauseilender Gedanken auch ganz gut. Oft geht das ja schon morgens los: Kaum, dass wir aufgewacht sind, fangen wir schon im Bett an, nachzudenken. Wir schmieden Pläne, hegen Befürchtungen, grübeln oder stressen uns auf andere Weise. Und dabei erkennen wir nicht, dass unser Kopf mehr Schwierigkeiten erzeugt, als er lösen kann. Wir erkennen nicht, dass es unsere Gedanken sind, die unsere Unruhe und unsere Unzufriedenheit erzeugen.

In unserem Kopf werden wir durch Denken keinen Frieden finden. Denkend sondern wir uns von anderen Menschen ab. Denkend vergleichen wir uns mit anderen und treten mit ihnen in Konkurrenz. Denkend urteilen wir über unsere Leistungen und unseren Selbstwert. Kurzum: Denkend manövrieren wir uns oft in die Einsamkeit und in unser Unglück hinein.

Um die Herrschaft des Denkens zu beenden, solltest du dir klar machen, dass ein Gedanke nicht die Wirklichkeit ist. Du hast ständig Gedanken, aber du bist nicht deine Gedanken. Gedanken sind mentale Gebilde, die du bestaunen, über die du lächeln oder die du loslassen kannst, einfach, indem du sie beobachtest und achtsam bleibst.

In der Meditation kommen die Affen allmählich ganz von selbst zur Ruhe. Und das ist ja auch die Definition des geistigen Yogaweges: Yoga ist das Zur-Ruhe-kommen-Lassen unseres Gedankenstroms.

Wenn du dich danach sehnst, Ruhe im Kopf zu erfahren, dann musst du dafür aber nicht unbedingt meditieren: Du kannst auch tanzen, barfuß über Blumenwiesen laufen oder nackt in den kalten See springen. Atmen, Tanzen, Lieben und Lachen – es gibt viele Wege, die raus aus dem Kopf und hinein in dein Herz führen.

Dein Herz will sich mit anderen verbinden. Es ist dafür geschaffen, Wärme, Lebendigkeit und Einheit zu spüren. Wahre Erkenntnis und tiefen Frieden findest du nur in deinem Herzen. Manchmal ist der Kopf wichtig, um die Botschaften des Herzens zu empfangen und zu »übersetzen«. Dabei entstehen fruchtbare Gedanken und kreative Ideen. Aber letztlich lässt sich Glück nicht denken. Je länger wir über unsere Ziele, unsere Beziehungen oder den Sinn des Lebens nachdenken, desto weniger erkennen wir die Lösung, denn wie es ja schon im *Kleinen Prinzen* heißt: Wenn es darum geht, das Wesentliche zu erkennen, sehen wir nur mit dem Herzen gut.

Der wissbegierige Sucher

Der junge Gelehrte suchte, obgleich er ja noch jung war, schon lange Zeit nach Weisheit. Er hatte den Lauf der Gestirne studiert, doch Weisheit hatte er dort nicht gefunden. Er hatte die, die als Weise bekannt waren, studiert und hatte dort viele kluge, ja weise Dinge erfahren – doch die Weisheit selbst hatte sich ihm nicht offenbart.

Da unternahm er eine Reise zu einem weithin berühmten Meister, der im fernen Gebirge lebte. Lange suchte er ihn, und auf dem Weg überkamen ihn Zweifel, denn je näher er diesem Weisen kam, desto weniger hielten die Menschen von ihm. Im Dorf nahe dem alten Bergwald, in dem der Meister leben sollte, nannten ihn die Menschen nicht mehr »den weisen Meister«, sondern »den alten Narren vom Berg«. Das klang nicht gerade ermutigend, doch da der Gelehrte schon so weit gereist war, beschloss er, sich diesen Menschen selbst anzusehen.

Nachdem er sich auf dem steilen Weg durch den düsteren Wald gekämpft hatte, gelangte er schließlich zu einer einsamen Hütte, vor der ein Mann mit silberweißem Haar und langem Bart, aber glatter Haut und strahlenden Augen saß, der bedächtig Tee aus einer Schale trank.

Der Gelehrte kam heran, verbeugte sich und sprach: »Edler Herr, seid Ihr der, den man den Weisen vom Berg nennt?« Der Alte sah ihn mit seinen leuchtenden

Augen an und begann zu lachen. Dann sagte er: »Der Weise?« Er schüttelte den Kopf. »Den alten Narren nennt man mich!«

Der junge Gelehrte war ein wenig verwirrt, versuchte aber, sich nichts anmerken zu lassen. »Darf ich Euch eine Frage stellen, Meister?«

Der Alte lächelte. »Nun, sicher. Und jetzt darfst du noch eine Frage stellen.«

Der junge Gelehrte erzählte mit vielen Worten und zahlreichen Abschweifungen von seiner Suche nach Weisheit – bis er merkte, dass dem Alten die Tränen aus den Augen liefen und sein Körper vor unterdrücktem Lachen bebte. Der Gelehrte unterbrach seine Erzählung, ein wenig verletzt.

Da stand der Alte auf und sagte: »Komm, trink eine Schale Tee mit mir.«

Sie setzten sich und tranken schweigend.

Schließlich ergriff der Alte wieder das Wort. »Wo hast du denn nicht gesucht?«

»Nun, an vielen Orten. In den fernen Ländern hinter dem Meer, in den Weiten der Sterne …«

Wieder lachte der Alte, bis ihm die Tränen herabliefen. »Halt ein! Nicht so weit. Viel näher!«

Der junge Gelehrte schüttelte den Kopf. Was meinte der Meister?

»Hast du denn schon in deinem Herzen nachgesehen?«

Da begann auch der junge Gelehrte zu lachen und erlangte Erleuchtung.

Den weißen Wolf füttern

Um dein Herz zu schützen, solltest du tierische Fette meiden, viel Obst und Gemüse essen und dich jeden Tag bewegen. Was jedoch dein spirituelles Herz betrifft – dem schaden weder fette Käsesorten noch Schnitzel oder stundenlanges Sitzen. Mitgefühl und Güte können in dir auch dann erblühen, wenn du ziemlich ungesund lebst – ja, mehr noch: Sie können sogar dein Immunsystem stärken und deine Gesundheit bewahren, obwohl du ungesund lebst (was aus vielerlei Gründen natürlich trotzdem nicht zu empfehlen ist).

Aber: Auch dein spirituelles Herz braucht Schutz, denn es kann großen Schaden nehmen – vor allem dann, wenn du es Geistesgiften und insbesondere dem Hass aussetzt. Wut und Hass im Denken führen oft zu hasserfüllten Worten und manchmal zu gewalttätigem Handeln. Gedanken und Worte wirken – und zwar auch im Internet. Wer Hass versprüht, vergiftet nicht nur die äußere Welt und die Gemeinschaft, sondern auch seine innere Welt. »Hater« sind selbst ihre größten Opfer. Hinter ihrem Hass stecken oft Angst und Ohnmacht. Das kann uns dabei helfen, besser zu verstehen, was hasserfüllte Menschen antreibt – und indem wir verstehen, können wir Mitgefühl empfinden, anstatt Hass zurückzugeben. An je mehr Menschen der Hass wirkungslos abprallt, desto weniger Kraft hat er und verkümmert allmählich.

Wir möchten dir nun eine kleine Geschichte erzählen, die schon in einigen unserer Bücher auftaucht. Sie scheint uns jedoch so wesentlich für unser Glück zu sein, dass wir sie hier guten Gewissens noch einmal wiederholen. Es ist die alte Indianergeschichte über die zwei Wölfe – den weißen und den schwarzen.

Die zwei Wölfe

Ein kleiner Indianerjunge sitzt mit seinem Großvater am Feuer und fragt ihn, warum Gefühle so unberechenbar sind – warum er sich manchmal über alles ärgert, während er zu anderen Zeiten voller Freude ist.
Der Großvater antwortet: »Seit Anbeginn der Welt leben im Herzen eines jeden Menschen zwei Wölfe. Der eine ist weiß und strahlt wie die Mittagssonne, der andere ist schwarz wie die mondlose Nacht. Erbittert kämpfen beide miteinander. Der schwarze Wolf fletscht die Zähne, er droht und knurrt und beißt, er ist rachsüchtig, grausam und gierig. Der weiße Wolf aber ist klug, sanft und liebevoll. Er liebt die Menschen und ist gütig und weise.«
Lange blickt der Indianerjunge in die Glut des erlöschenden Feuers. Schließlich fragt er leise: »Großvater – welcher der beiden Wölfe wird gewinnen?«
»Der, den du fütterst«, antwortet der Alte.

Wähle die Nahrung, mit der du deinen Geist fütterst, achtsam aus. Überlass es nicht dem momentanen Impuls, ob du Wut, Angst, Eifersucht und Selbstzweifel oder stattdessen Gelassenheit, Freude, Mitgefühl und Selbstvertrauen in dir nährst. Jedes positive Gefühl macht dich nicht nur glücklicher – es erleichtert es dir auch, Liebe und Mitgefühl für dich selbst und andere zu entwickeln. Wenn du froh, gelassen und voller Selbstvertrauen und noch dazu bereit bist, dein Herz für die Menschen zu öffnen, wirst du das Liebenswerte, das Gute und Schöne intensiver wahrnehmen, und das wiederum gibt dir mehr Freude und Selbstvertrauen.

Natürlich sind wir nicht immer gut gelaunt. Es ist vollkommen menschlich, dass wir manchmal traurig, ängstlich oder verärgert sind. Emotionen kommen und gehen und wie wir noch sehen werden, ist es wichtig, sie zuzulassen und mitfühlend mit ihnen umzugehen. Eine ganz andere Sache ist es jedoch, wenn düstere Stimmungen uns dominieren und sich verselbstständigen. Wenn deine Reaktionsmuster im Alltag von Sorgen, Gereiztheit, Habgier oder Angst bestimmt werden, solltest du möglichst schnell damit beginnen, den weißen Wolf in dir zu füttern, bevor er dir verhungert.

Aufbauende Gefühle wie Heiterkeit, Freude, Vertrauen oder Dankbarkeit verstärken sich gegenseitig. Und sie ermöglichen es dir erst, dein Herz zu öffnen. Über kurz oder lang wird der Wolf der Stärkere sein, dem du deine Aufmerksamkeit öfter schenkst, denn deine Energie fließt immer genau dahin, wohin du deinen Fokus lenkst.

Es gibt viele Möglichkeiten, den schwarzen Wolf in dir zu füttern. Beispielsweise kannst du deine Angestellten runterputzen, krumme Geschäfte machen oder vor dem

Fernseher sitzen und über einen Politiker schimpfen. Auf der anderen Seite gibt es unendlich viele Arten, das Gute in dir zu fördern. Die einfachste Möglichkeit dazu besteht darin, deinem Herzen zu folgen, liebevoll mit dir selbst umzugehen und anderen freundlich und aufrichtig zu begegnen.

»Wir schaffen die Welt mit unseren Gedanken.
Wenn du mit unreinen Gedanken handelst oder sprichst, wird dir das Unglück folgen wie das Rad dem Ochsen, der den Wagen zieht. (…)
Wenn du mit reinen Gedanken handelst oder sprichst, wird dir das Glück folgen wie dein Schatten und wird nicht abzuschütteln sein.«

Buddha

Buddhas Achtfacher Pfad, der die Befreiung vom Leiden und die Entwicklung allumfassender Güte zum Ziel hat, nennt ganz konkrete Methoden, durch die wir uns vor Geistesgiften und ihren Folgen schützen können. Dazu gehören insbesondere die *silas*.

Die *silas* sind Hilfsmittel zur Entwicklung von »Tugendhaftigkeit«. Tugend bedeutet einfach »gute ethische Eigenschaft«, wie Ehrlichkeit oder Bescheidenheit. Die Tugenden sind die Basis für den buddhistischen Weg, was im Westen oft übersehen wird. Achtsamkeit und Meditation sind bei uns zwar heute sehr beliebt, doch dass auch unser Verhalten im täglichen Leben entscheidend zum Erfolg der Meditationspraxis und zu unserer spirituellen

Entwicklung beiträgt, scheint nicht immer so klar zu sein.

Das, was du tust, hat großen Einfluss darauf, wie du dich fühlst. Wenn du mit Drogen handelst, Lügen verbreitest oder deine Nachbarin umbringst, wirst du dich nicht (oder bestenfalls nur sehr kurz) gut fühlen. »Ein gutes Gewissen ist ein sanftes Ruhekissen«, heißt es nicht von ungefähr. Gewalt führt zu Gegengewalt und Mörder leiden unter Albträumen und landen meist früher oder später hinter Gittern. Und dann wäre da ja noch die Sache mit dem Karma ...

Reflexion: Futter für den weißen Wolf

Rechte Rede, rechtes Handeln und rechter Lebenserwerb – das sind die drei Tugendregeln innerhalb des Achtfachen Pfads, wobei man »recht« auch mit »sinnvoll« oder »angemessen« übersetzen kann. Wenn du den weißen Wolf in dir füttern willst, ist es hilfreich, sie dir zu Herzen zu nehmen:

- Rechte Rede beinhaltet, dass wir andere nicht belügen, beleidigen und sie nicht mit unseren Worten verletzen. Auch überflüssiges Gerede und Tratsch sollten wir meiden. Rechte Rede erfordert Achtsamkeit und Wortbewusstsein. Oft reden wir schneller, als wir denken, und da können uns schon mal ein paar dumme Worte rausrutschen. Den weißen Wolf zu füttern heißt aber nicht nur, dass wir unheilsame Worte meiden sollten, sondern auch, dass wir heilsame, freundliche und verständnisvolle Worte gebrauchen, um andere zu trösten, zu unterstützen oder aufzubauen.

- Rechtes Handeln versteht sich eigentlich von selbst. Andere zu verletzen, zu bestehlen, zu hintergehen oder gar zu töten ist nicht nur schlecht – es fällt auch doppelt und dreifach (wenn's reicht) auf uns zurück. Doch ebenso wenig, wie du anderen Schaden zufügen solltest, solltest du dir selbst schaden – weder durch Drogen- und Alkoholkonsum noch durch sinnliche Ausschweifungen oder schädliche Gewohnheiten. Aber auch nicht durch fanatisches Kasteien und Selbstquälerei.
- Rechter Lebenserwerb: Grundsätzlich ist es Buddhisten wichtig, ein gewaltfreies Leben zu führen und andere Wesen (und das schließt natürlich auch Tiere mit ein) nicht zu verletzen. Unser Geld auf eine Weise zu verdienen, die andere direkt oder indirekt schädigt, widerspricht daher dem rechten Lebenserwerb. Konkret hat Buddha empfohlen, auf Waffen- und Drogenhandel sowie den Handel mit Tieren oder Fleisch zu verzichten. Im weiteren Sinne bedeutet rechter Lebenserwerb, dass wir bei all unserem Tun darauf achten sollten, andere zu unterstützen, ihnen das Leben zu erleichtern oder dazu beizutragen, dass unser Leben in der Gemeinschaft friedvoll und harmonisch verläuft. Dazu musst du weder Arzt noch Umweltaktivist sein. In fast jedem Beruf kannst du achtsam und

mitfühlend handeln. Ob als Busfahrer, Friseurin, Landwirt, Managerin oder Musiker – überall kannst du den weißen Wolf in dir füttern. Von sehr wenigen Ausnahmen abgesehen ist es letztlich ziemlich egal, was wir tun, wenn wir nur unser Herz dabei nicht vergessen.

Die ungleichen Zwillinge

Ramal und Kamal waren gleich groß, hatten die gleiche Augenfarbe und die gleichen Eltern. Und auch ihre Gene waren gleich, wie das bei eineiigen Zwillingen eben so ist. Sie glichen einander wie ein Ei dem anderen. Zumindest eine ganze Weile, nachdem sie ausgebrütet … Verzeihung, geboren worden waren.

Ihre Mama liebte den Mangoschnaps, ganz im Gegensatz zum Papa, der Rum bevorzugte. Nur dann nicht, wenn er auf Diebeszug ging. Eines Tages aber hatte es ein Ende mit Rum und Diebeszügen und der Vater hatte eine Zelle im Gefängnis bezogen.

Ramal und Kamal, die Zwillinge, wurde größer und schließlich erwachsen und sahen sich immer noch sehr ähnlich. Doch ansonsten verband sie wenig. Ramal hielt die Schule für Unsinn. Er wollte sowieso nicht arbeiten. Außer man würde Rauschgift verkaufen als Arbeit betrachten. Nun, immerhin war es doch ein Broterwerb und nach getaner Arbeit, auch davor, währenddessen und danach, trank Ramal mit Freunden Reisschnaps und konsumierte auch manch andere

Rauschmittel. Das brachte ihn ins Krankenhaus, dann ins Gefängnis und schließlich in das Armenviertel.
Kamal hatte die Schule abgeschlossen, studiert und war Kinderarzt geworden, der sich in Delhi bald einen Namen machte, da er sich für Kinderrechte und gegen Kindesmissbrauch sowie für die Aufklärung über Drogen und insbesondere Alkohol einsetzte.
Ein Psychologe, der Zwillinge untersuchte, stieß auf die beiden. Seine erste Frage war: »Woran liegt es, dass du der geworden bist, der du heute bist?«
Und wie erwartet – es waren ja Zwillinge – gaben beide die gleiche Antwort: »Nun, was sollte denn aus mir werden? Bei diesen Eltern!«

Fokus auf das Mitgefühl

Kannst du spüren, ob du gerade sitzt, stehst oder liegst? Klar kannst du das! Allerdings erst, wenn du deine Aufmerksamkeit darauf richtest. Auch vor einer Minute, bevor du diese Frage gelesen hattest, hast du ja bereits gesessen, gestanden oder vielleicht auch gelegen – aber wirklich bewusst war es dir wahrscheinlich nicht, weil du deinen Fokus woanders hattest.

Die Fähigkeit, zu fokussieren, ist eine tolle Sache. Sie ist die Voraussetzung dafür, dass du dir überhaupt darüber bewusst werden kannst, was im Augenblick passiert, denn was wir nicht bewusst sehen, hören oder spüren, das existiert auch nicht – jedenfalls nicht in unserer

Wahrnehmung und somit auch nicht in unserer Erfahrung. Durch die Wahl deines Fokus kannst du bestimmen, welcher Ausschnitt der Wirklichkeit zu einem Teil deiner Erfahrung wird. Durch deinen Fokus suchst du dir also in gewisser Weise dein Leben aus.

Ein klarer Fokus ermöglicht es dir, achtsam zu sein. Du kannst dein Bewusstsein wie einen Scheinwerfer benutzen: So wie der Beleuchter im Theater seinen Scheinwerfer – den »Verfolger« – benutzt, um das Wesentliche auf der Bühne in Licht zu tauchen und für das Publikum sichtbar zu machen, kannst du deinen Fokus auf das richten, was wirklich zählt. Zum Beispiel auf Mitgefühl und Verbundenheit.

»Energy flows where attention goes.« Wenn wir uns auf Verbundenheit und Freundlichkeit konzentrieren, entstehen ganz andere Gefühle, als wenn wir unsere Aufmerksamkeit zum Beispiel auf Videoclips im Internet richten. Zerstreuung und Ablenkung führen dazu, dass unsere Konzentrationsfähigkeit ab- und unsere innere Unruhe zunimmt. In einer Welt, die immer komplexer und verwirrender wird, kann es leicht passieren, dass wir uns selbst aus den Augen verlieren. Umso wichtiger ist es, einen starken Fokus zu entwickeln und unseren Geist zu sammeln.

Je aufmerksamer wir im Alltag sind und je mehr wir uns auf die Menschen konzentrieren können, die uns begegnen, desto leichter erkennen wir, dass Mitgefühl und Güte die wesentlichen Qualitäten in unserem Leben sind. Durch einen klaren Fokus können wir Mitgefühl und liebevolle Achtsamkeit entwickeln. Wir können uns für die Verletzlichkeit anderer öffnen und die Illusion überwinden, dass wir isolierte Wesen wären, die mit der »Außenwelt« und ihren Bewohnern nichts zu tun haben.

Fokusexperimente

Möchtest du deine Konzentration entwickeln und deinen Fokus stärken? Willst du dich vor den vielen Ablenkungen schützen, die dir den Blick auf das Wesentliche erschweren? Dann kannst du ein paar Dinge ausprobieren:

- Werde dir deines Fokus bewusst. Erkenne, dass du diese Fähigkeit hast. Worauf richtest du deine Aufmerksamkeit in deinem Alltag? Mach dir klar, dass du jede Erfahrung in deinem Leben beeinflussen und sogar sofort verändern kannst – einfach dadurch, dass du deinen Fokus umlenkst.
- Experimentiere mit deinem Fokus. Lenk deine Konzentration einmal auf deinen Körper oder deinen Atem – dann wieder auf alles, was du sehen kannst oder auf das Gefühl, das du gerade hast. Lass deinen Fokus ein bisschen hin und her springen.
- Wenn du deine Eltern besuchst, mit einer Freundin telefonierst oder dich mit einem Geschäftspartner besprichst, dann versuche, dem anderen deine ganze ungeteilte Aufmerksamkeit zu schenken. Lass alles Sonstige in den Hintergrund treten. Nutze die vielen

Gelegenheiten, wo du andere Menschen triffst, um deinen »Fokus der Zuwendung« zu stärken.

- Übe zu fokussieren, ohne dich dabei anzustrengen. Du kannst deine Konzentration nicht auf Mitgefühl und liebevolle Achtsamkeit richten, wenn du die Stirn in Falten legst, die Schultern hochziehst und deinen Mund zusammenkneifst. Richte deine Aufmerksamkeit gelassen auf das Hier und Jetzt. Was immer du fokussieren willst – bleib dabei heiter und entspannt.
- Nimm dir mehr Zeit. Psychologen haben herausgefunden, dass wir eher bereit sind, Mitgefühl zu zeigen und andere wirklich wahrzunehmen, wenn wir nicht in Eile sind. Und wie du sicher selbst weißt, kannst du auch dir selbst freundlicher begegnen, wenn du dir mehr Zeit für dich nimmst, statt im Erledigungsmodus durch den Tag zu jagen.

Die Meisterschaft

Meister Phong hatte einen Schüler höchsten Grades. Der hatte die Erleuchtung erfahren und das höchste Bewusstsein kennengelernt. Und doch wusste er, dass sein Meister weit über ihm in der Erkenntnis stand. Was aber genau sein Geheimnis war, das wusste er nicht. Als er darüber mit dem Meister sprach, sagte dieser: »Nur Beharrlichkeit.«

Der Schüler konnte das nicht glauben. Da sprach der Meister: »Ich werde dir das Geheimnis verraten, wenn du dich würdig erweist. Doch sieh dich vor: Die Prüfung ist gefahrvoll!«

Ohne zu zögern, willigte der Schüler ein. Der Meister zog sein Schwert und reichte dem Schüler eine Holzschale. »Nun denn: Nimm diese Schale, fülle sie bis zum Rand mit Wasser und trage sie dreimal um den Tempel. Doch für jeden Tropfen, den du verschüttest, werde ich dir ein Glied abschlagen.«

Der Schüler wurde bleich, doch tat er, wie ihm geheißen war. Schritt für Schritt ging er mit der Wasserschale um den Tempel, einmal, zweimal, dreimal – und verschüttete nicht einen einzigen Tropfen.

Freudestrahlend und stolz stand er vor dem Meister, bereit, das Geheimnis zu empfangen.

Der Meister lächelte: »Ich mache es genauso, wie du die Wasserschale getragen hast. Nur, dass ich beharrlich dabeibleibe und es mit allen Dingen so halte.

Weil nur die Güte glücklich macht

Freundlichkeit und Güte sind der Ausdruck unseres Wunsches, andere zu unterstützen, an ihren Erfahrungen und auch ihrem Leiden Anteil zu nehmen und uns mit ihnen verbunden zu fühlen. Die Frage, »was uns das bringt«, ist dabei natürlich vollkommener Quatsch. Zugleich sind wir alle mehr oder weniger mit dem Glauben aufgewachsen, dass alles, was wir tun und anstreben, einen Nutzen haben muss. »Was nützt mir das?« ist zwar eine recht eigennützige Frage, die in einem Buch über Mitgefühl (und nicht etwa über Geldanlagen) etwas komisch anmutet –, aber fragen wir uns doch ruhig mal: »Bringt es mir überhaupt was, zu lieben? Ist es gut für meinen Blutdruck? Hält es mich länger jung? Werde ich dadurch glücklicher?«

Wir sind vollkommen davon überzeugt. Und das nicht nur aufgrund unserer Erfahrung und unserer Überlegungen. Gehirnforscher, Neurologen und Psychologen konnten nachweisen, dass Mitgefühl die Verbundenheit mit unseren Mitmenschen stärkt. Ob es um die eigenen Kinder, den Partner, Freunde, Kollegen oder Nachbarn geht: Durch mehr Mitgefühl nehmen Konflikte, Streitereien, Eifersucht und Neid nachweislich ab. Und das wiederum wirkt sich positiv auf unsere Gesundheit aus.

»Wer nicht den tiefen Sinn
des Lebens im Herzen sucht,
der sucht vergebens.«

Friedrich von Bodenstedt

Es gibt viele interessante Forschungsergebnisse zu diesem Thema. Wir verdanken sie der Tatsache, dass sich Achtsamkeitskurse und später auch Kurse zu Mitgefühl und Selbstmitgefühl in den letzten Jahren weit verbreitet haben. Anfangs waren es vor allem Ärzte, Therapeuten, Motivationstrainer und Menschen, die im Sozialbereich arbeiten, die an entsprechenden Kursen und

Ausbildungen teilgenommen haben. Aus dieser Gruppe heraus entstand ein starkes Interesse daran, die Wirksamkeit von Mitgefühl und Achtsamkeit wissenschaftlich betrachten und belegen zu lassen.

Glücksforscher untersuchten in umfangreichen Befragungen, was unsere Lebenszufriedenheit am stärksten beeinflusst – und das Ergebnis ist eindeutig: Mitgefühl und Offenheit sind die entscheidenden Faktoren für unser Glück. Das heißt für dich: Je mehr du liebst, desto wohler wirst du dich fühlen.

Ein offenes Herz befreit dich aus der Enge deiner Sorgen, Ängste, Enttäuschungen und deiner Negativität. Mitgefühl bedingt einen kraftvollen, optimistischen Bewusstseinszustand, der dir hilft, Belastendes loszulassen und Krisen zu überwinden. Und indem du Mitgefühl für dich selbst und andere entwickelst, wird es außerdem leichter für dich werden, auch die Hilfe und Zuneigung anderer anzunehmen.

Übersicht: Mitgefühl als universelle Seelenmedizin

Dass Liebe glücklich macht, weißt du selbst, dazu brauchst du kein Buch. Im Folgenden findest du aber zusätzlich noch eine kleine Zusammenfassung der Ergebnisse aus diversen Studien über die Wirksamkeit von Güte und Mitgefühl. Es ist erstaunlich, was sich da alles bei Untersuchungen zeigte:

- Je mehr Wert Menschen auf Gemeinschaft, Freundschaften, Familie und Zusammengehörigkeit legen, desto höher ist ihr Glückslevel.
- Wer ehrenamtlich tätig ist, lebt im Schnitt glücklicher, zufriedener und sogar länger als Menschen, die nur ihr eigenes Wohl im Auge haben.
- Mitgefühl verbessert den Umgang mit Stress und erhöht die Resilienz, macht es also leichter, mit Hindernissen und Rückschlägen zurechtzukommen.
- Güte ist ein hervorragendes Heilmittel gegen Perfektionismus und löst Angst vor Zurückweisung auf.
- Selbstlose Liebe steigert die emotionale Intelligenz. Und sie erhöht auch Konzentrationsfähigkeit und Produktivität.

Je mehr Mitgefühl und Selbstmitgefühl du hast, desto unbeschwerter wird deine Sichtweise und desto leichter fällt es dir, freudvoll die Verantwortung für dein Leben selbst zu übernehmen.

Mehr Mitgefühl, weniger Angst

Warum fällt es uns eigentlich oft so schwer, unser Herz zu öffnen und uns mit anderen verbunden zu fühlen? Sollte das nicht die einfachste Sache der Welt sein? Doch warum herrscht dann so viel Trennung, Abgrenzung und manchmal sogar Abneigung und Hass zwischen den Menschen? Dafür gibt es sicher viele Gründe, aber der Hauptgrund ist Angst.

Angst ist das Gegenteil von Liebe. Es ist kein Zufall, dass Buddha die Metta-Meditation – die Meditation der liebenden Güte – ursprünglich als Mittel gegen die Angst empfohlen hat: Lieben heißt aufzumachen und weit zu werden; Angst bedeutet zuzumachen und eng zu werden. Wo Angst ist, kann Liebe nicht sein. Und wo Liebe ist, gibt es keine Ängste.

An sich ist Angst ja keine schlechte Sache. Unsere natürliche Angst bewahrt uns davor, lebensgefährliche Dummheiten zu begehen: Sie hält uns davon ab, vom Hochhaus zu springen oder die Hand in den Löwenkäfig zu stecken. Angst dient dazu, unser Überleben zu sichern. Inzwischen sind Ängste, die diese sinnvolle Schutzfunktion erfüllen, allerdings die Ausnahme und genauso selten wie Räuber, die mit langen Messern aus dem Gebüsch springen.

Die Ängste, die uns das Leben heute schwer machen, haben meist viel weniger mit der Realität als mit düsteren Vorstellungen in unseren Köpfen zu tun. So fürchten wir uns beispielsweise davor, krank zu werden, geliebte Menschen zu verlieren, pleite zu gehen, mit dem Flugzeug abzustürzen, alt und unattraktiv zu werden oder im Job zu versagen. Während viele Angstauslöser nichts mit realen Gefahren zu tun haben, sind die Angstreaktionen durchaus sehr real. Atemnot, Enge in der Brust, Herzrasen, Schweißausbrüche oder ein Kloß im Hals – all das spüren wir wirklich.

Im Zustand der Angst kannst du nicht mitfühlend sein. Denn dann bist du viel zu sehr mit dir selbst beschäftigt und die Angst aktiviert deine Schutzmechanismen. Ganz gleich, ob es nun um echte oder vorgestellte Bedrohungen geht: Solange du im Angstmodus feststeckst, wirst du dich in dich selbst zurückziehen und dich von anderen fernhalten.

Wenn wir im Albtraum der Angst gefangen sind, verengen sich Herz und Geist. Dann übersehen wir unser Potenzial – unsere Fähigkeit zu Größe, Weite und innerem Frieden. Wir vergessen unsere Verbundenheit zu anderen Menschen und sitzen stattdessen wie in einem Tunnel fest.

Angst schwächt deinen Organismus und dein Immunsystem. Klinische Studien zeigten, dass Angst vielerlei Reaktionen im Körper auslöst, die Durchblutungsmuster verändert und zahlreiche Hormone ausschüttet. Das sorgt zwar für Kampf- oder Fluchtbereitschaft, doch dieser »Turbomodus« ist anstrengend für den Körper – es steigt das Risiko für virale Infekte und es dauert länger, sich von Infektionserkrankungen zu erholen. Angst lähmt uns, sie raubt uns Energie und Lebensfreude, erzeugt das Gefühl der Ohnmacht und kann Wut und Hass verursachen. Vor allem aber verkrampft sich unser Herz, wann immer wir uns fürchten.

Ängste können manchmal so übermächtig werden, dass es gut ist, nicht lange zu zögern und professionelle Hilfe in Anspruch zu nehmen. Es gibt effektive Methoden, sich von Ängsten zu befreien – doch das bedarf einer guten Therapeutin oder eines guten Therapeuten, die uns aus der Angst herausbegleiten. Abgesehen von klinisch relevanten Fällen – und das sind zum Glück die wenigsten – gibt es aber ein wirkungsvolles Heilmittel gegen Ängste, und das heißt Mitgefühl.

Immer wenn du Angst hast, hast du prinzipiell zwei Möglichkeiten: Du kannst zumachen und dich abkapseln oder aufmachen und dich anderen zuwenden. Mit liebevoller Achtsamkeit kannst du deinen Fokus auf die Menschen in deiner Nähe lenken. Dadurch nimmst du Ängsten und Sorgen den Wind aus den Segeln – die können dich nämlich nur dann aus der Ruhe bringen, wenn du mit dir selbst und deinen bedrückenden Gedanken und Gefühlen beschäftigt bist.

Wenn dein Fokus auf das »Außen« und auf das Du gerichtet ist, verblassen deine Probleme. Das geht natürlich nicht von einem Moment auf den anderen. Loszulassen und uns für die Liebe zu öffnen – das gelingt nur, wenn wir es auch üben. Und das gilt natürlich erst recht, wenn wir es bisher gewohnt waren, auf bestimmte Menschen oder Situationen mit Abwehr, Ablehnung und Rückzug zu reagieren. Doch du kannst jederzeit, beispielsweise jetzt, mit dem Üben beginnen.

Von der Angst zum Mitgefühl

Wie kannst du deiner Angst mit liebevoller Achtsamkeit begegnen? Wie kannst du lernen, dein Herz gerade in den Momenten zu öffnen, in denen du es eigentlich lieber verschließen würdest? Ganz leicht ist das nicht, aber ein paar Dinge können dir sicher helfen:

- Lauf nicht vor deiner Angst oder Unsicherheit weg – sie läuft sowieso schneller als du. Durch das Fortlaufen verlängerst du nur die Dauer der Angst und gibst ihr viel zu viel Macht über dich.
- Versuche nicht, gegen die Angst zu kämpfen. Auch die Angst ist ein Teil von dir, der dir helfen will. Es ist okay, Angst zu haben. Jeder Mensch hat Angst – der eine öfter, der andere nur gelegentlich. Umarme deine Angst: Nimm dich selbst mitsamt deiner Angst mitfühlend an.
- Die Haltbarkeitsdauer von Ängsten ist nur kurz. Schau genau hin. Wie fühlt es sich eigentlich wirklich

an, Angst zu haben? Wie verändert sich dein Körper, wie fühlen sich deine Muskeln an? Schlägt dein Herz schneller? Sind deine Hände feucht? Werde zum Angstforscher. Schau deiner Angst ins Gesicht, freundlich und neugierig. Dabei wirst du schnell merken, dass Ängste kommen, eine Weile bleiben und schließlich auch wieder von selbst verschwinden. Du musst es nur durchstehen – beziehungsweise aussitzen, falls du über die Angst meditierst.

- Hast du Angst davor, in Gesellschaft oder mit anderen Menschen zusammen zu sein? Führe dir immer wieder vor Augen, dass andere Menschen bei Weitem nicht so fremd sind, wie du vielleicht denkst. Von unseren Problemen gibt es keines, das andere Menschen nicht auch schon genauso erlebt haben wie wir. Wir sind in unserem Wesen mit allen anderen verbunden. Ebenso wie wir haben auch sie Träume, werden enttäuscht, werden krank, ärgern sich oder sind gestresst – und natürlich leiden alle Menschen ebenso wie wir unter Ängsten.
- Vielleicht hast du Angst vor anderen Menschen, weil du schon zu oft verletzt wurdest – du hast es dann regelrecht gelernt, Angst zu haben. Verlerne es wieder und mach dir bewusst, dass es deine Erinnerungen und Vorstellungen sind, die dich daran hindern, dich zu öffnen. Du musst keine Angst haben. Selbstlose Liebe tut niemals weh. Die Quelle der liebenden Güte in dir ist unversiegbar. Und sie ist stark. Sehr viel stärker als die Angst.

- Mitfühlend zu sein braucht manchmal etwas Mut. Gleichzeitig macht Mitgefühl aber auch Mut. Wo Liebe ist, hört die Angst auf. Lenk deine Aufmerksamkeit im Alltag nicht zu oft auf deine Angst, sondern auf Mitgefühl, Offenheit und Sanftmut.
- Nimm dir gelegentlich etwas Zeit, schließ die Augen, achte auf die Bewegung deines Atems und blende alles andere aus. Wiederhole dann innerlich langsam und sanft die Sätze: »Möge ich frei von Furcht sein. Möge ich dem Leben vertrauen.« Lass dich gewissermaßen »atmend in diese Sätze hineinfallen«. Lass deinem Geist etwas Zeit, zur Ruhe zu kommen, und lass den Worten Zeit, ihre Wirkung in deinem Unterbewusstsein zu entfalten.

Der mitfühlende Schachspieler

Ein junger Mann kam aus einer angesehenen Familie mit mehr Geld, als ihm guttat. Nachdem er alle Lüste ausgekostet und alles, was ihm sein Geld ermöglichen konnte, gekauft hatte, war er enttäuscht vom Leben. Nun war er zwar verwöhnt und faul, aber ein Dummkopf war er nicht – und so erkannte er, dass er im Kreislauf des Leidens gefangen war. Alles ödete ihn an, und er wusste keinen Ausweg. Nur eine Idee hatte er: Wenn er nun in ein Kloster ginge, vielleicht würde er dort einen weisen Meister finden, der ihm den rechten Weg wies.

Also ging er eines Morgens los, all seine Güter hinter sich lassend, und klopfte an die Klostertür. Man tat ihm auf und hieß ihn willkommen. Noch am selben Abend ließ ihn der Abt zu sich kommen und fragte ihn nach dem Grund, der ihn in das Kloster geführt hatte.
»Ach, ehrwürdiger Abt, ich bin ein Nichtsnutz, vom Leben enttäuscht. Das habe ich eingesehen. Ich suche nach einem Weg, meinem Dasein einen Sinn zu geben. Aber ich habe keine Begabung und keine Geduld. Gibt es überhaupt Hoffnung für mich?«
Der Abt sah den jungen Mann eine Weile schweigend an, dann nickte er. »Ja, die gibt es. Wenn du es ernst meinst.«
»Oh ja! Noch nie habe ich etwas so ernst gemeint.«
»Nun, gibt es denn irgendetwas, was dich jemals wirklich interessiert hat?«
Traurig schüttelte der Jüngling den Kopf. Doch dann fiel ihm etwas ein und er sagte zögernd: »Eigentlich nicht … oder zumindest nichts, was zählt. Aber ich habe viel Zeit mit dem Schachspiel verbracht …«
»Gut!«, sagte der Abt. »Dann wirst du Schach spielen.« Er läutete ein Glöckchen und sogleich kam ein Novize herein. »Geh und bring Bruder Noma zu mir. Und sag ihm, er soll sein Schachbrett mitbringen.« Der Novize verneigte sich und eilte davon. Kurz darauf trat ein Mönch ein, der ein schön geschnitztes Schachbrett und Figuren mit sich brachte. Der Meister begrüßte ihn und hieß ihn sich setzen. Dann öffnete er einen Schrank und holte ein Schwert heraus, das er vor sich legte.

»Bruder Noma, du wirst mit diesem jungen Mann Schach spielen. Wenn du verlierst, verlierst du auch dein Leben, denn ich werde dir den Kopf abschlagen, weil du das Kloster beschämt hast. Gewinnst du aber, werde ich diesem jungen Kerl den Kopf abschlagen – denn er sagt, er könne nichts als Schach zu spielen. Kann er aber nicht einmal das, mag er wohl sterben.«
Bruder Noma nickte nur; der junge Mann aber zuckte zusammen, denn er sah dem Meister an, dass er in vollem Ernst gesprochen hatte.
Das Spiel begann. Bald schon war der junge Mann schweißgebadet – aber er hatte sich schon in Vorteil gesetzt. Er sah seinen Gegner an. Dieser war ganz ruhig und konzentriert; sein Gesicht war fein und klug und man sah ihm an, dass er sich aufrichtig um Weisheit bemühte. Da erkannte der junge Mann stärker als je zuvor die Wertlosigkeit seines bisherigen Lebens, insbesondere wenn er sich mit diesem Mönch verglich. Sein Herz füllte sich mit Mitgefühl und er begann, absichtlich Fehler zu machen; er konnte nicht auch noch den Tod dieses Mannes verantworten. Er zog die Dame so, dass er sie verlor und nun das Spiel kaum noch gewinnen konnte.
Da stieß der Abt das Schachbrett um und lachte. »Heute hast du Konzentration und Mitgefühl gelernt. Bleib noch eine Weile und du wirst sicherlich Befreiung erlangen!«
Und so geschah es. Der junge Schachspieler blieb im Kloster – und nach vielen Jahren wurde er schließlich selbst Abt.

Der Erste, der von deinem Mitgefühl profitiert, bist du selbst

Jedes Mal, wenn du anderen hilfst, hilfst du dadurch auch dir selbst. Jedes Mal, wenn du anderen deine Nähe schenkst, kommst du dir dadurch auch selbst näher. Und jedes Mal, wenn du gütig zu anderen bist, bist du auch gütig zu dir selbst.

Anderen zu helfen, Familienmitglieder zu unterstützen, Freunde zu trösten oder Fremden seine Hilfe anzubieten erfüllt uns mit Freude und Energie – wenn wir uns nicht selbst sabotieren, indem wir über unseren Gewinn dabei, über Gegenleistungen und unsere unbezahlte Arbeit nachgrübeln. Wann immer wir unsere Liebe verschenken, verlassen wir den Bettlermodus. Wir verlassen eine Sichtweise, von der aus wir bedürftig sind und um die Anerkennung und Zuneigung anderer betteln müssen.

Es ist nicht die Aufgabe anderer Menschen, uns zu lieben. Wenn sie es tun, ist das natürlich toll (und gut für sie). Wenn nicht, sollte das aber auch okay für uns sein. Wir selbst hingegen haben immer die Möglichkeit, mitfühlend zu sein. Wir haben etwas zu verschenken, unabhängig davon, ob wir dafür etwas zurückbekommen oder nicht. Oder wie Goethe es seine Philine in *Wilhelm Meisters Lehrjahre* sagen lässt: »Wenn ich dich lieb habe, was geht's dich an?«

Empathie, Freundschaft und Mitgefühl wirken heilend. Herzenswärme fühlt sich nicht nur für andere, sondern auch für uns selbst schön warm an. Liebend erleben wir

Selbstwirksamkeit. Anderen unsere liebevolle Achtsamkeit zu schenken fühlt sich einfach wunderbar an und verleiht unserem Leben neuen Sinn. Darum ist Altruismus genau genommen auch die edelste Form des Egoismus. Psychologische Studien untermauern das: Mitfühlende Menschen leiden signifikant seltener an Depressionen und anderen seelischen Erkrankungen. Konkurrenzdenken und ein radikaler Materialismus entsprechen einfach nicht unserer wahren Natur und machen uns auf Dauer krank. Im Gegensatz dazu erhöhen Zusammenarbeit, Gemeinschaft und die Fähigkeit, im Freundes-, Familien- oder Kollegenkreis füreinander da zu sein, unser Glück und die Lebenszufriedenheit deutlich.

Unser Herz pumpt nicht nur Blut durch unseren Körper, sondern es ist ein intelligentes Organ. Es kann Signale in alle Bereiche unseres Körpers schicken und beeinflusst unser Gehirn. Neurologen haben das genau untersucht und dabei erstaunt festgestellt, dass das Herz sogar wesentlich mehr Signale ans Gehirn sendet als umgekehrt. Das Nervengeflecht um unser Herz beeinflusst unser Denken und nur wenn Herz und Geist harmonisch zusammenwirken, können wir Mitgefühl für uns selbst und andere entwickeln.

Herz und Geist in Einklang zu bringen ist nicht besonders schwer. Die einfachste Möglichkeit dazu besteht darin, dass wir uns regelmäßig für ein paar Minuten aufrecht hinsetzen, unseren Atem und unser Denken zur Ruhe kommen lassen und uns selbst und allen anderen Wesen gedanklich unser Mitgefühl schenken. Das Ganze nennt sich dann Meditation oder genauer »Herz-Meditation« beziehungsweise »Metta-Meditation«.

Falls es dir möglich ist, täglich wenigstens einige Minuten lang zu meditieren, dann ist das das Beste, was du für dich tun kannst. Und Hand aufs Herz: Was sind schon ein paar Minuten Stille in den vielen Stunden der Hektik, die der Tag uns beschert? Zeitlich gesehen sicher sehr wenig, aber spirituell gesehen doch sehr viel.

Neurowissenschaftler konnten beweisen, dass sich unser Gehirn durch Meditation tatsächlich verändert. Das hatte man lange für unmöglich gehalten. Doch es ist ungefähr so, wie du deine Muskeln durch Trainingsreize zum Wachsen bringen kannst – durch Meditation kannst du dein Gehirn im wahrsten Sinne des Wortes dazu bringen, über sich selbst hinauszuwachsen. »Neuroplastizität« nennt man dieses Phänomen, bei dem die Gehirnzellen, die Neuronen, in unserem Gehirn neue Netzwerke bilden. Durch Meditation und positive Vorstellungen in Form von inneren Bildern und aufbauenden Worten erschaffen wir neue Verknüpfungen im Gehirn, die unsere Empfänglichkeit für Glück, Zufriedenheit und Geborgenheit erhöhen.

Wenn nichts mehr geht, dann liebe

Dass in unserem Leben so einiges schiefläuft, weißt du sicher genauso gut wie wir. Die kleinen Katastrophen des Alltags, wie unerwartete Regengüsse, Straßensperrungen,

Verdauungsprobleme, Computerabstürze oder Streitereien mit dem Partner, kennen wir wohl alle. Es geschehen aber auch sehr viel schlimmere Dinge, die man wohl wirklich als Katastrophen bezeichnen kann: Arbeitslosigkeit, Scheidung, der Tod eines geliebten Menschen, eine Pandemie … Und auch die unvermeidlichen Unzulänglichkeiten des Lebens, die Buddha zum Anlass nahm, nach einem »Notausgang« zu suchen, haben es leider in sich. Ein paar Beispiele gefällig?

- Wir werden alt.
- Wir werden sterben.
- Menschen, die wir lieben, werden uns verlassen oder ebenfalls sterben.
- Viele Dinge, nach denen wir uns sehnen, bekommen wir nicht.
- Auf die Dinge, die uns das Leben vor die Nase setzt, könnten wir hingegen oft gut und gern verzichten.

Wenn alles zusammenbricht und uns der Boden, auf den wir immer vertraut haben, unter den Füßen weggerissen wird, fühlen wir uns ohnmächtig und verzweifelt. Manche Menschen reagieren dann mit Lähmung, Apathie oder Depression, während andere von ihrer Trauer überwältigt werden und ihren Schmerz hinausschreien oder aber mit Wut und Aggression auf die Situation antworten. Doch gerade in »seelischen Notfällen« bräuchten wir unser Mitgefühl und Selbstmitgefühl besonders dringend.

Sein Herz im Augenblick eines Zusammenbruchs zu öffnen ist kontraintuitiv und somit eine große Herausforderung. Unsere natürliche Reaktion würde je nach Temperament ja eher darin bestehen, uns in uns selbst zurückzuziehen oder um uns zu schlagen. Wenn wir diese schwierigen Augenblicke im Leben jedoch nicht nutzen, um die Kraft unseres Herzens zu wecken, werden uns Angst und Frustration beherrschen.

Wann immer Katastrophen über dich hereinbrechen – wenn dein Partner dich zum Beispiel verlässt, du am finanziellen Abgrund stehst, mit einer lebensbedrohlichen Diagnose konfrontiert wirst oder dein gewohntes Leben auf sonstige Weise durch ein starkes inneres oder äußeres Erdbeben erschüttert wird –, dann gibt es doch immer noch eine Sache, die du tun kannst: lieben! Nimm dich selbst in Liebe an. Akzeptiere die Gefühle, die auf dich einstürmen – aber vergiss dabei nicht, dass du nie allein bist. Unzählige andere Menschen stehen in diesem Moment genau vor dem gleichen Problem wie du. Schick nicht nur dir selbst, sondern auch ihnen dein Mitgefühl: »Mögen alle Wesen glücklich und geborgen sein.«

Vor allem in Krisenzeiten trifft es voll und ganz zu, dass du mit dem Herzen besser siehst. Sobald dir alles über den Kopf wächst, wird es Zeit, dich nicht länger auf ihn zu verlassen. Wenn dein Kopf benebelt ist und das, was passiert, nicht mehr verstehen kann, dann wechsle das Stockwerk: Vergiss den Kopf für eine Weile und lass dich in deinem Herzen nieder. Entspann dich in dein Mitgefühl hinein. Hier in deinem Herzen wirst du erkennen, dass dein Leben noch lange nicht vorbei ist. Und vielleicht wirst du darüber hinaus sogar verstehen, dass einige wesentliche Dinge in deinem Leben jetzt erst beginnen …

Meditation: Schwierigkeiten mitfühlend annehmen

Du kannst schwere Situationen nicht »besiegen«. Ob du kämpfst, jammerst oder den Kopf in den Sand steckst – Probleme lösen sich nicht, solange du ihnen nicht achtsam begegnest.

Es ist eine große, aber lohnende Herausforderung für uns, auch unangenehme Erfahrungen mit liebevoller Achtsamkeit anzunehmen. Um trotz all dem, was uns widerfährt, Ja sagen zu können, brauchen wir viel Akzeptanz. Akzeptanz ist eine Form der Entspannung, nur eben nicht im Körper, sondern im Geist. So wie wir angespannte Muskeln wieder entspannen können, ist es auch möglich, »angespannte« Gedanken und Gefühle loszulassen, die unser Geist als Reaktion auf herausfordernde Situationen produziert. Und ebenso wie die körperliche Entspannung können wir auch üben, mental loszulassen und die Dinge, so wie sie nun einmal sind, zu akzeptieren. Du kannst das mitten in deinem Leben üben oder auch in einer »richtigen« Meditation:

- Setz dich entspannt, aber aufrecht hin und schließ wenn möglich die Augen.

- Spür deinen Körper zunächst von unten nach oben. Spür die Füße und Beine, das Becken, dann entlang der Körperrückseite die Wirbelsäule, den Rücken, den Kopf und das Gesicht. Scanne deinen Körper dann weiter auf der Vorderseite von oben nach unten ab: Lenk deine Achtsamkeit vom Gesicht aus in die Schultern, Arme und Hände, in Brust und Bauch.
- Falls dir Spannungen bewusst werden, dann versuche sie, so gut es dir gerade möglich ist, loszulassen. Lass deinen Körper allmählich etwas weiter und offener werden.
- Spür das Gewicht deines Körpers. Mach dir bewusst, dass du von der Erde getragen bist.
- Leg nun deine Handflächen auf den Bauch. Beobachte deinen Atem – wie er kommt und geht und wie deine Bauchdecke sich dadurch rhythmisch hebt und senkt. Versuche nicht, etwas an deinem Atem zu verändern. Werde zum Beobachter und lehn dich innerlich zurück.
- Denk nun mit dem nächsten Ausatmen den Satz: »Es ist, wie es ist.« Lass deinen Atem wieder sanft einströmen und denk mit dem nächsten Ausatmen: »Es ist okay.«
- Wiederhole diese beiden Sätze immer und immer wieder – jeweils beim Ausatmen. Wenn du möchtest, kannst du ausprobieren, wie es sich anfühlt, wenn du das Ausatmen ein kleines bisschen verlängerst, sodass du die Worte innerlich etwas langsamer aussprechen kannst.

- Bleib einige Minuten bei dieser Meditation, die du auch im Alltag auf ähnliche Weise durchführen kannst.
- Atme in dein Herz hinein.
- Lass dich mehr und mehr in deinem Herzen nieder.
- Vertraue.

Die merkwürdige Verwandlung

Der alte Herr Shobu saß wie jeden Sonntag in dem kleinen Garten vor seinem Haus, trank eine Schale Wein, genoss die Sonne und betrachtete seine wertvolle Sammlung alter Schriftrollen. Eine davon war ihm besonders lieb. Einer der großen Meister hatte sie geschrieben und ein ebenso berühmter Maler hatte die Schrift illustriert. Herrn Shobus Vater war diese Schriftrolle von einem Mönch als Dank für einen Gefallen geschenkt worden. Erst einige Jahre, nachdem der Vater gestorben war und Herr Shobu die Schriftrolle geerbt hatte, hatte sich herausgestellt, dass sie von großem Wert war. Herr Shobu lächelte still und versenkte sich in die alten, weisen Worte und in die Zeichnungen, die die vollkommene Einheit des Weisen mit der Natur in einfachen Pinselstrichen zeigten.

»Guten Morgen, O-San!«, rief eine fröhliche Jungenstimme. Herr Shobu sah auf und lächelte. Es war Tojo, der Nachbarsjunge, ein hübscher, aufgeweckter Kerl und immer höflich. Herr Shobu nickte freundlich zurück.

Er versenkte sich wieder in die heilige Schriftrolle, doch da rief seine Frau nach ihm. Herr Shobu seufzte und ging ins Haus. Es folgte ein langes und lästiges Gespräch. Ein Schuldner wollte nicht zahlen, und nun musste der Fall vor den Richter. Das alles interessierte Herrn Shobu nicht wirklich. Aber es musste eben geklärt werden. Als seine Frau endlich fertig war, atmete er tief durch und begab sich zurück in den Garten.

Herr Shobu wurde bleich. Wo war die Schriftrolle, die einzigartige, die unschätzbar wertvolle, sein Lieblingsstück, sein ganzer Stolz?! Herr Shobu blickte mit wilden Augen umher, doch die Rolle war und blieb verschwunden.

Plötzlich dachte er an Tojo, den Nachbarsjungen. Es war gar nicht anders möglich: Tojo hatte die Schriftrolle gestohlen! Und jetzt meinte Herr Shobu sich auch zu erinnern, dass mit dem Jungen etwas nicht gestimmt hatte. Da war so ein gieriges Leuchten in seinen Augen gewesen, als er die Schriftrolle gesehen hatte. Für so einen jungen Kerl wäre es ja gar nichts, sich schnell die Rolle zu greifen und sich davonzumachen. Ja, es konnte gar nicht anders sein.

Herr Shobu überlegte, ob er die Wache rufen sollte. Oder sollte er direkt mit den Nachbarn sprechen? Aber er konnte ja nichts beweisen! Und dann würde der freche Dieb lachen und Herr Shobu würde sein Gesicht verlieren!

Von nun an beobachtete Herr Shobu seinen Nachbarn, so oft er nur konnte. Und je mehr er beobachtete, desto

weniger Zweifel hatte er, dass Tojo ein gemeiner, feiger Dieb war. Herr Shobu sah jetzt, was ihm vorher nicht aufgefallen war: Der Junge hatte einen verschlagenen Blick, wie er zwielichtigen Gestalten zu eigen ist.
Er musste an sich halten, als Tojo mit breitem Grinsen an seinem Haus vorbeikam – scheinbar zufällig. Frech verneigte er sich, wie zum Hohn, und rief: »Guten Morgen, Shobu-San!« Doch Herr Shobu durchschaute ihn jetzt. Und immer noch wartete er darauf, diesen Frechling auf frischer Tat zu ertappen. Sechs Tage lang beobachtete der alte Herr Shobu jede Kleinigkeit.
Am siebten Tag jedoch fand er die Schriftrolle, eingewickelt in ein Seidentuch, auf dem Schrank. Jetzt fiel ihm auch wieder ein, wie er sie eingewickelt hatte, als seine Frau ihn ins Haus gerufen hatte! Seine Vergesslichkeit hatte wieder einmal ihr Spiel mit ihm getrieben.
Als er am Nachmittag Tojo begegnete, sah dieser wie verwandelt aus. Er sah wie ein aufgeweckter, hübscher Junge aus und glich in keiner Weise einem Dieb.

Deine liebende Buddha-Natur

»Jeder Mensch hat Buddha-Natur« – so lautet eine Kernaussage des Buddhismus. »Buddha-Natur« heißt dabei nichts anderes, als dass es eben einfach in unserer Natur liegt, erwachen zu können, denn »Buddha« bedeutet ja nichts anderes als »der Erwachte«.

Mit anderen Worten: Du bist sehr viel mehr als die Person, die sich morgens einen Kaffee kocht, sich im Bad über ihr Gewicht ärgert, mal wieder zu lange am Computer sitzt, Rückenschmerzen bekommt und unglücklich ist, weil sie vielleicht gerade Beziehungsprobleme hat. Du bist ein Kind des Universums – ein Teil des Ganzen, ein Stern in Menschengestalt. Dein Geist ist grenzenloser Raum. Dein Herz ist mit allen Wesen verbunden, und in deiner Essenz bist du reines Licht, universelle Liebe.

Ist das nicht eine gute Nachricht? Sie findet sich in allen östlichen Weisheitslehren – und nicht nur dort: »Denn sehet, das Reich Gottes ist inwendig in euch«, sagte auch Jesus, und der christliche Mystiker Angelus Silesius fügte hinzu: »Halt an, wo läufst du hin? Der Himmel ist in dir. Suchst du Gott anderswo, du fehlst ihn für und für.«

Alles ist längst gut. Es gibt keinen Grund, sich Sorgen zu machen. Es gibt nichts, was du erreichen oder erlangen müsstest. Um Vollendung oder Erleuchtung zu erfahren, musst du nichts verändern: Du brauchst keinen anderen Job, keine neuen Freunde, keinen Flug nach Indien und keinen Meister. Du musst noch nicht einmal »deinen Charakter verbessern« oder »ein besserer Mensch werden«. Das kannst du alles total vergessen. Natürlich schadet es nicht, ein paar schlechte Gewohnheiten abzulegen, weil du dich dadurch schnell besser fühlen wirst, aber nötig ist es nicht. Alles ist längst vollkommen – so wie es ist. Auch du!

Das glaubst du nicht? Du hast eher das Gefühl, ein Mängelexemplar zu sein und dass eigentlich gar nichts gut ist? Du fühlst dich unzulänglich, minderwertig, nicht okay oder bist unzufrieden und unglücklich? Falls das so sein sollte, dann ist es kein Wunder, denn das geht fast jedem von uns so. Und den meisten Menschen, die sich selbst für ganz unfassbar großartig halten, geht es noch schlechter – sie überdecken ihre Minderwertigkeitsgefühle mit einer Schicht Größenwahn.

Doch es gibt auch Menschen, die im Reinen mit sich selbst und der Welt sind. Das liegt nun aber nicht daran, dass die Dinge bei ihnen gänzlich anders sind, sondern daran, wie sie die Dinge sehen. Und jetzt wird's wirklich verzwickt: Obwohl du in deinem innersten Wesen seit Anbeginn der Zeit eine Erwachte oder ein Erwachter bist, kannst du das erst in dem Moment erkennen, wo du erwachst. Ziemlich blöde Sache. Dein grundsätzliches

Gut-Sein nützt dir nämlich nichts, solange du schläfst und quasi im Dunkeln lebst.

In der Yogaphilosophie ist dieses Problem als Fehlidentifikation mit dem Ich (dem Ego) bekannt. Maya – der Schleier der Illusion – trübt unseren Blick auf die Wirklichkeit. Maya verhüllt das allumfassende Sein. Die Weisen im alten Indien erkannten, dass nur der göttliche Urgrund wirklich, die Welt aber illusorisch ist, und sie verglichen das Wirken von Maya mit dichten Algen, die das klare Wasser in einem Teich trüben. Die Illusion, dass wir nicht etwa Liebe und Güte, sondern dieser fehlerhafte, langweilige Durchschnittsmensch sind, macht es uns unmöglich, uns zu befreien. Und sie hindert uns daran, heiter, gelassen und wirklich mitfühlend zu sein.

Na gut. Und jetzt?

Zunächst einmal: Es besteht kein Grund zur Eile. Du kannst einfach noch einige Wiedergeburten abwarten – was sind schon ein paar Hundert oder Tausend Jahre im Vergleich zur Ewigkeit? Früher oder später wirst du aufwachen, und dann wirst du laut lachen – so wie jemand, der endlich erkannt hat, dass er lange in einem Computerspiel gefangen war, den Computer erleichtert ausschaltet und sich eine Tasse Tee macht.

Da du dich aber offensichtlich schon in diesem Leben mit Spiritualität beschäftigst – sonst würdest du dieses Buch ja kaum lesen –, bist du wahrscheinlich an einem Punkt deiner Entwicklung angelangt, an dem heute relativ viele von uns stehen: Die Wahrheit, die Liebe, die unendliche Weite und Freiheit deines Geistes sind greifbar nahe. Wozu also noch länger warten? Warum noch länger im Leiden gefangen sein, das doch nur die Folge unseres Festhaltens an der Illusion ist?

Ganz gleich, welchen geistigen Weg du beschreitest, um dich mit deiner inneren Quelle zu verbinden: Denk immer daran, dass du nichts an dir ändern musst. Es gibt wirklich nichts, was du deinem Leben hinzufügen musst – im Gegenteil ist es sogar viel hilfreicher, mehr und mehr loszulassen. Je mehr du aufgibst von dem, »was es nicht ist«, desto klarer erkennst du, »was es ist«.

Und falls du wieder einmal das Gefühl haben solltest, dass ganz und gar nichts gut ist, dann schau nicht länger durch die Lupe deines Verstandes – schließ deine Augen, lass deinen Atem tief strömen und schau mit den klaren Augen deines Herzens …

Achtsam sein und lieben – mehr gibt es nicht zu tun

Wenn es nur zwei Dinge gäbe, die wir vom Buddhismus lernen können, nur zwei Qualitäten, die zu tiefer Entspannung und großer Freiheit in unserem Leben führen, unserem Dasein mehr Sinn und Freude verleihen und uns bessere Menschen werden lassen, dann wären das: Achtsamkeit und Mitgefühl.

»Sei achtsam und liebe«, so lautet der Rat, den unzählige buddhistische Meister ihren Schülern seit eh und je mit auf den Weg gegeben haben. Und obwohl es noch sehr viel mehr schöne Juwelen in der Schatztruhe buddhistischer Weisheiten gibt – diese beiden sind mit Abstand die dicksten und sie strahlen am hellsten.

Wie heilsam es für uns selbst und alle um uns herum ist, wenn wir unser Herz öffnen, dürfte inzwischen klar sein. Aber was hat es nun mit der Achtsamkeit auf sich? »Achtsam« ist ja heute jeder. Ohne Achtsamkeit geht quasi nichts mehr: achtsam essen, achtsam reisen, achtsam heilen, achtsam miteinander schlafen und – ja, warum nicht auch das: auf achtsame Weise den Gewinn seines Konzerns optimieren … Mit Achtsamkeit lässt sich gut werben und ganz nebenbei noch das Gewissen reinwaschen. Grundsätzlich sollte man vor Trends ja auf der Hut sein. Erst recht, wenn so wertvolle Dinge wie Yoga, Buddhismus, Selbstmitgefühl oder Achtsamkeit zum Trend werden, darf man ruhig mal fragen: »Wie viel Achtsamkeit ist eigentlich noch in dem drin, wo Achtsamkeit draufsteht?«

Dass Achtsamkeit der Vermarktung diverser Produkte dient und gern als Patentlösung für die schnelle Heilung so ziemlich aller seelischen Leiden missbraucht wird, ist nicht schön. Aber was soll's? Viel wichtiger ist, was wir mit der Achtsamkeit anstellen. Oder besser gesagt, was die Achtsamkeit mit uns anstellt, wenn wir uns wirklich auf sie einlassen.

Über Achtsamkeit wurde nicht nur viel geschrieben, sondern auch viel geforscht. Wir wissen heute recht genau, wie Achtsamkeit im Gehirn »funktioniert«. Neurowissenschaftler können inzwischen gut erklären, warum diese an sich so simple Methode so weitreichende Wirkungen hat. Achtsamkeit ist ein hervorragendes Heilmittel gegen Depressionen, Ängste und alle Probleme, die damit zusammenhängen, dass wir nicht besonders gut mit Stress umgehen können (und das dürften wohl die meisten sein). Achtsamkeit kann dir helfen, dich von schädlichen Gewohnheiten zu befreien und dir selbst und anderen offener zu begegnen. Außerdem ist sie ein effektives Mittel gegen Selbstzweifel und Selbsthass. Vor allem aber schenkt dir Achtsamkeit deine Lebendigkeit zurück.

»Achtsam sein, ihr Mönche, ist alles«, sagte Buddha. Achtsam zu sein bedeutet, aus der Oberflächlichkeit und Trance des Alltagsbewusstseins aufzuwachen. Solange wir schlafen, haben wir die Augen geschlossen, agieren mehr oder weniger automatisch und gewohnheitsmäßig – und dabei entgeht uns natürlich so einiges. Doch sobald wir die Augen öffnen, sehen wir, was wirklich da ist. Und das ist eine ganze Menge.

Achtsamkeit öffnet unsere Augen für den Reichtum unseres Lebens. Plötzlich sehen wir die Blumenwiese, den weiten blauen Himmel, wir riechen den Kaffeeduft, hören die Amsel im Garten singen und wie das alte Motorrad am Haus vorbeirattert. Wir spüren den Wind im Gesicht, die Wärme in unserem Bauch – eine ganze bunte Welt tut sich auf, an der wir viel zu lange vorbeigelebt haben.

Achtsam zu sein bedeutet, mit allen Sinnen in die gegenwärtige Erfahrung einzutauchen. Ohne Wenn und Aber, ohne »es sollte«, »es darf doch nicht« und all die wertenden und überflüssigen Kommentare, die unser Denken unseren Erfahrungen hinzufügt.

Nicht bewerten, nicht kämpfen, nichts ändern wollen, nicht weglaufen, sondern genau hinsehen – heiter und gelassen: Das ist auch schon alles. Eins mit den Dingen sein, so wie sie sind. Was immer es ist, das dir begegnet: Lass es so sein und sei damit.

Ebenso wie Mitgefühl kann uns auch Achtsamkeit aus dem Gefängnis unseres angstvollen, sich ständig sorgenden und jammernden Geistes befreien. Doch so tröstlich es ist, dass es diese Wege gibt – solange du sie nicht auch einschlägst, bleibt das Ganze eine schöne Theorie. Wirklich achtsam kannst du nur sein, wenn du es einfach tust: Zieh Schuh und Strümpfe aus, setz den Fuß auf den Weg, tu einen kleinen Schritt – und dann noch einen und noch einen …

Impuls: Kleine Achtsamkeitsschritte

Es gibt viele Möglichkeiten, Achtsamkeit zu lernen und zu üben. Es lohnt sich beispielsweise sehr, einmal einen MBSR-Kurs zu absolvieren (Stressbewältigung durch Achtsamkeit), da du in diesen acht Wochen viele Basics kennenlernen wirst. Auch Standardübungen aus dem Achtsamkeitstraining wie der Bodyscan oder die Sitzmeditation sind gute Methoden, um in kurzer Zeit heilsame Veränderungen zu bewirken und dich von Stress zu befreien.

Auch wenn Achtsamkeit an sich sehr einfach ist – es ist schwierig, immer wieder daran zu denken, achtsam zu sein. Daher ist es am besten, über den Tag verteilt kleine Achtsamkeitsübungen zu machen. Im Grunde funktioniert Achtsamkeit immer nach dem gleichen Schema:

1. Nimm dir kurz Zeit und halte an mit dem, was immer du tust.
2. Lenk deine Achtsamkeit auf ein bestimmtes Objekt.
3. Beobachte genau, was du wahrnehmen kannst, ohne es verändern zu wollen.

Hier sind einige Beispiele, mit denen du das ausprobieren kannst:

- Schau öfter mal in den Himmel. Was siehst du? Wie ist das Wetter gerade?
- Spür deinen Atem. Nimm dir etwas Zeit, innezuhalten und deinen Atem für drei Atemzüge lang zu beobachten. Spür die Atembewegung im Bauch oder in der Brust.
- Beobachte regelmäßig dein »inneres Wetter«. Welches Wetter würde deiner Stimmung gerade entsprechen: stürmisch, neblig, sonnig, regnerisch, bewölkt ...?
- Was immer du jetzt gerade tun wolltest – tu es betont langsam und ganz bewusst. Lenk deine Achtsamkeit auf die Bewegungen deines Körpers.
- Spür im Laufe des Tages immer wieder in deine Muskeln hinein. Kannst du Verspannungen oder Schmerzen oder vielleicht auch angenehme Empfindungen wie Weite und Entspannung fühlen?

- Schau dich um und achte auf die Farbe Blau. Welche blauen Dinge kannst du in diesem Augenblick sehen? (Natürlich kannst du auch eine andere Farbe nehmen.)
- Lenk die Achtsamkeit in deine Hände. Lass deine Hände ruhen und spür die Ruhe in ihnen. Breitet sie sich auch auf weitere Teile des Körpers aus?
- Achte auf Bäume in deiner Umgebung.
- Nimm dir kurz etwas Zeit und beobachte deinen Geist: Was ist der nächste Gedanke, der in deinem Kopf auftaucht? Ein Bild, ein Satz, eine Erinnerung, ein Plan ...?

So wichtig diese kleinen Achtsamkeitsimpulse sind, um mitten am Tag immer wieder mal aus der Alltagstrance und dem grübelnden Geist auszusteigen, zur Ruhe zu kommen und sich dem wirklichen Leben zuzuwenden, so besteht auch hier die Schwierigkeit darin, sie nicht zu vergessen. Aus diesem Grund haben wir unsere App »Kurma – Achtsam leben« entwickelt (englische Version: Kurma – Stay mindful, für iPhone oder Android). Sie erinnert dich täglich in nicht vorhersehbaren Zeitabständen daran, achtsam zu sein. Wenn du möchtest, kannst du sie einmal ausprobieren und dir aufs Smartphone laden. Und natürlich würden wir uns auch über ein kurzes Feedback oder deine Erfahrungen freuen, die du uns gern jederzeit mailen kannst (unsere Homepage: www.longschweppe.de).

Das Versteck der Götter

Als die Götter den Menschen Weisheit und Liebe geben wollten, erhob einer der ihren Einspruch: »Lasst uns vorsichtig sein! Ihr habt nun schon einige Zeit sehen können, wie die Menschen sind. Sie verkehren und zerstören alles, was sie in die Finger bekommen. Wenn sie Liebe und Weisheit, die größten Schätze des Universums, erhalten, werden sie auch damit sicherlich wieder Unsinn anstellen.«

Rundum nickten alle. Ja, das war klug und richtig.

»Nun gut«, sagte schließlich ein anderer Gott. »Lasst uns Liebe und Weisheit verstecken, sodass die Menschen sie erst finden, wenn sie reif sind.«

Auch das fand Zustimmung. Aber wo sollte man sie verstecken?

»Lasst sie uns in der tiefsten Tiefe des Meeres verbergen!«, rief einer.

»Ach nein. Diese neugierigen Äffchen werden schnell dorthin gelangen. Besser wir verstecken sie auf dem Mond!«

»Nein, das hilft nicht. Auch dorthin werden sie bald vordringen. Wir müssen etwas Besseres finden.«

Die Götter dachten lange nach. Schließlich sprach eine der ältesten und weisesten Göttinnen: »Lasst sie uns in den Herzen der Menschen verstecken – denn je näher das Glück liegt, desto leichter werden sie es übersehen. In ihrem eigenen Herzen werden die Menschen erst suchen, wenn sie reif genug sind.«

Alle bewunderten die Klugheit dieser Idee und sahen ein, dass dies das Rechte war. Und so werden wir Menschen Liebe und Weisheit nur dann finden, wenn wir uns auf den Weg ins Innere machen und unser Herz öffnen.

Der Weg des Herzens ist einfach und klar

Unser Leben ist oft ziemlich kompliziert und unübersichtlich. Das liegt vor allem daran, dass es unendlich viele Möglichkeiten gibt, es zu gestalten. Nie zuvor hatten wir eine so große Auswahl. Ob Automodelle, Erdbeermarmeladen, Fernsehsender, Singlebörsen, Wetter-Apps oder Diäten – es gibt einfach viel zu viel von allem. Allein schon das richtige Smartphone und den passenden Handyvertrag zu finden kostet Stunden, wenn nicht Tage. Kein Wunder, dass wir so oft im Stress sind und dass unsere To-do-Listen immer länger werden, weil wir es einfach nicht mehr schaffen, hinterherzukommen.

Falls du jetzt glaubst, dass die Überforderung durch die vielen Dinge ein Problem unserer heutigen, schnelllebigen Zeit ist, dann stimmt das zwar, aber nur teilweise. Klar – das Leben war früher einfacher, doch das Phänomen der Überreizung ist zeitlos. Es kommt darauf an, wie sehr man sich in den Trubel hineinbegibt. Die Daoisten im alten China haben vor den »zehntausend Dingen« gewarnt: vor den vielen Farben, die unser Auge blind, und den vielen Klängen, die unsere Ohren taub machen. Natürlich sind es nicht genau zehntausend. Die »zehntausend Dinge« sind lediglich ein daoistisches Symbol für die vielen Reize und all die unwesentlichen Dinge, die unseren Geist trüben.

Unser Kopf liebt das »Reizende«, die Gedanken wollen sich bewegen und angeregt werden. Selbst wenn wir uns den Kopf zerbrechen, ist ihm das immer noch lieber, als zu meditieren oder den Sommer zu genießen; so hat er wenigstens ständig etwas zu tun. Der spirituelle Weg ist hingegen sehr einfach und naheliegend. Achtsamkeit ist einfach, Liebe ist einfach und Meditation ist es auch. Der Weg der Achtsamkeit ist ein ganz natürlicher Weg, und auch der Weg des Herzens ist einfach und klar.

Konfuzius sagte: »Ein wahrhaft großer Mensch verliert nie die Einfachheit eines Kindes.« Und er verliert auch nie die Einfachheit eines gütigen Herzens.

Ob du auf deinem Weg heilsame oder unheilsame Entscheidungen triffst, das spürst du schnell, wenn du kurz innehältst und in dein Herz horchst. Fühlst du dich wohl? Fühlt es sich rund an? Wird es dunkler oder heller in dir – schwerer oder leichter?

Mit dem Herzen siehst du mehr – aber nicht, weil du besonders viel siehst, sondern weil du besonders tief schauen kannst.

»Ob du gehst oder stehst,
ob du sitzt oder liegst:
Übe dich den ganzen Tag
in dieser Herzensgüte
und vertraue auf diese Lebensweise,
denn sie ist die beste der Welt.«

Buddha

Die rechte Art, einen Fluss zu überqueren

Ein Yogi, ein tibetischer Zauberer und ein Zen-Meister reisten gemeinsam zur Geburtsstätte Buddhas. Als sie an ein Flüsschen kamen, über das keine Brücke führte, lachte der Yogi. »Ach, das ist doch für unsereins kein Problem!« Und er schritt trockenen Fußes über das Wasser.

Der tibetische Zauberer schüttelte den Kopf: »Nein, so macht man es!« Er sprach ein Zauberwort, drehte sich im Kreis und erschien sofort auf der anderen Seite.

Der Zen-Meister aber lächelte, hob sein Gewand und schritt behutsam durch das angenehm kühle, belebende Wasser ans andere Ufer.

Das Geheimnis der liebevollen Achtsamkeit

Ein mitfühlender, freundlicher und zuvorkommender Mensch zu sein ist eine feine Sache: Deine Kinder, dein Partner und deine Eltern werden sich sicher darüber freuen, wenn du dich ihnen aufmerksamer zuwendest. Du wirst im Alltag sehr viel seltener in Streit geraten. Ganz bestimmt wird auch deine Beliebtheit wachsen (auch wenn das kein Ziel von dir sein sollte). Jeder Mensch auf der Straße und in den Geschäften wird ein Stückchen von deinem Mitgefühl mitnehmen und sich an deinem Lächeln wärmen können. Und natürlich wirst du dich auch selbst wohler fühlen, denn wann immer du liebevoll bist, können Ängste, Sorgen, Ärger oder Schuldgefühle deinem Geist nichts anhaben.

Das ist alles wunderbar und doch ist es noch nicht alles. Im Buddhismus gilt die Meditation über die liebende Güte nämlich darüber hinaus auch als eine der Methoden, durch die du sogar Erleuchtung erlangen kannst.

Wie bitte?! Erleuchtung?

Okay – das Wort ist zugegebenermaßen ziemlich abgehoben. Was Erleuchtung genau ist, kann niemand so richtig beschreiben – nicht mal jemand, der erleuchtet ist. Aber eines ist klar: Durch Meditation können wir Bewusstseinszustände erreichen, die sich sehr viel besser anfühlen als alles, was wir sonst so kennen. Und anders als bei Urlaubsreisen, Kokain oder Liebesrausch hält das

Glücksgefühl, das sich durch eine regelmäßige Meditationspraxis einstellt, dauerhaft an.

Achtsamkeit und Mitgefühl sind die beiden Säulen der buddhistischen Meditation. Durch sie haben sehr viel mehr Menschen ihr Glück gefunden als durch alle Genüsse dieser Welt. Allerdings sind Achtsamkeit und Mitgefühl nicht wirklich getrennte Säulen, sondern zwei Wege, die eng zusammenhängen und sich gegenseitig befruchten: Herzmeditationen entwickeln mit der Zeit auch unsere Achtsamkeit, während Achtsamkeitsmeditationen auf der anderen Seite dazu führen, dass sich auch unser Herz immer mehr öffnet.

Warum aber nicht beide Methoden miteinander kombinieren – auch das ist schließlich möglich. In der Meditation der liebevollen Achtsamkeit kommen beide Aspekte zum Tragen: sowohl Achtsamkeit als auch Mitgefühl. Liebevolle Achtsamkeit ist die Fähigkeit, sich im gegenwärtigen Augenblick wohlwollend und mitfühlend seinen jeweiligen Erfahrungen zuzuwenden. Liebevolle Achtsamkeit ermöglicht es dir, dem Jetzt mit einem Lächeln zu begegnen, und schließt auch ein, dass du dir selbst und anderen gegenüber offen und aufmerksam bist. Im Gegensatz zur reinen Achtsamkeit, die mitunter etwas technisch und nüchtern werden kann, nimmst du dein Herz mit auf die Reise, wenn du liebevolle Achtsamkeit praktizierst.

Liebevolle Achtsamkeit kannst du in jedem Augenblick deines Lebens anwenden. Dabei ist es ganz egal, ob du eher ein schüchterner und gehemmter oder kontaktfreudiger, offener Mensch bist. Der Weg der liebevollen Achtsamkeit ist ein sehr sanfter, leiser Weg: Es geht nicht darum, enthusiastische Gefühlsausbrüche zu erzwingen – ganz im Gegenteil. Sich den Dingen achtsam und freundlich zuzuwenden und sich auf eine heitere Art für das Jetzt zu öffnen, das kann jeder von uns lernen.

Liebevolle Achtsamkeit: Meditation in drei Schritten

Bevor du die Kunst der liebevollen Achtsamkeit im Alltag übst, ist es gerade anfangs hilfreich, sie erst einmal in Form einer Sitzmeditation zu erlernen. Für diese Meditation solltest du dir mindestens zehn Minuten Zeit nehmen. Stell dir einen Timer und sorge dafür, dass du nicht gestört werden kannst, denn diese Zeit des Tages gehört dir ganz allein.

Schritt 1 – Bei dir selbst ankommen

- Setze dich bequem, aber aufrecht auf ein Meditationskissen, ein Bänkchen oder einen Stuhl. Gerade bei dieser Meditation ist es wichtig, dass du möglichst entspannt und schmerzfrei sitzen kannst – zwing dich also nicht in eine unbequeme Haltung hinein.
- Schließ die Augen, leg deine Hände auf die Oberschenkel oder in den Schoß und entspann vor allem deine Schultern, deine Gesichtsmuskeln, Brust und Bauch.

- Lenk deine Achtsamkeit für ein paar Atemzüge auf die Atembewegung in deinem Bauch – auf die sanfte Dehnung der Bauchdecke beim Einatmen und die Entspannung beim Ausatmen. Lass den Alltag Alltag sein und komm, so gut es gerade geht, bei dir selbst an.

Schritt 2 – Sich für das Jetzt öffnen

- Richte deine Aufmerksamkeit nun ganz auf den jetzigen Augenblick – genauer gesagt auf deine momentane Erfahrung, auf deinen Geist. In der Meditation geht es nicht darum, einzuschlafen, sondern aufzuwachen. Du kannst den Trancezustand des Grübelns, Planens und Träumens nur überwinden, wenn du deinen Fokus wie einen Scheinwerfer auf die Bühne des Hier und Jetzt richtest. Die vier Hauptdarsteller deines Geistes sind »Hören«, »Spüren«, »Denken« und »Fühlen«. Mit anderen Worten: Beobachte Klänge, Körperempfindungen, Gedanken und Gefühle – und zwar immer jeweils nur den Schauspieler, der in der Mitte der Bühne steht. Vielleicht gibt es etwas, was du gerade hörst, oder eine Körperempfindung, wie ein Jucken am Rücken. Vielleicht sind es in die Zukunft gerichtete Gedanken, die in diesem Augenblick durch dein Bewusstsein ziehen. Vielleicht ist da aber auch ein Gefühl, wie Unsicherheit oder Ärger, das sich in den Vordergrund deiner Erfahrung drängt.
- Du musst nichts tun. Schau einfach nur dem Theaterstück in deinem Bewusstsein zu. Wenn ein Gedanke

aufzieht, dann erkenne: Das ist ein Gedanke. Wenn deine Knie wehtun, dann erkenne: Das sind Schmerzen. Und so weiter.

Schritt 3 – Annehmen, lächeln, loslassen

- Im letzten Schritt geht es darum, alles, was sich auf der Bühne deines Geistes abspielt, bedingungslos anzunehmen. Nimm jede Erfahrung mitfühlend an. Natürlich gibt es nicht nur angenehme, sondern auch unangenehme Erfahrungen, doch das ist ganz egal. Öffne dein Herz, lass zu, dass sich ein leichtes Lächeln auf deinen Lippen ausbreitet, und wende dich deiner Erfahrung zu, ohne zu urteilen. Sag innerlich Ja – ganz gleich, ob du die Schauspieler magst oder nicht.
- Der besondere Zauber der Achtsamkeit liegt darin, dass wir aufhören, all unsere Erfahrungen in »gut« oder »schlecht«, »darf da sein« oder »muss weg« einzuordnen. Unsere Bewertungen und Vorlieben schieben sich sonst ständig zwischen uns und die Wirklichkeit, was Entspannung, Gelassenheit und letztlich auch Mitgefühl unmöglich macht.
- Kennst du das »Paradox der Veränderung«? Es geht auf psychologische Beobachtungen zurück und besagt, dass in dem Augenblick, wo wir nicht länger versuchen, uns oder die Dinge zu verändern, die größten Veränderungen stattfinden. Nimm jede Erfahrung an – neige dich ihr wohlwollend zu, lächle dir selbst innerlich zu, entspann deinen Körper und dann ... lass los.

Spuren im Fluss der Zeit

Der Patriarch der ehrenwerten Familie Chang wusste, dass er allmählich einen seiner Söhne zu seinem Nachfolger bestimmen musste, denn er wurde alt und schwach. Lange überlegte er, wie er den Würdigsten wählen sollte. Schließlich ließ er die Söhne vor sich treten und sprach: »Nur einer von euch kann das Oberhaupt der Familie werden. Um zu zeigen, dass ihr würdig seid, zieht nun für ein Jahr hinaus in die Welt und setzt Zeichen, die dem Fluss der Zeit trotzen.«

Die drei Männer zogen nach Osten, Westen und Süden. Der erste Sohn war ernsthaft und ehrgeizig und begann sogleich damit, in jeder Stadt, durch die er kam, Denkmäler nach dem Ebenbild seines Vaters zu errichten; und wo er dies nicht konnte, ließ er den Namen der Familie Chang in Steintafeln gravieren.

Der zweite Sohn war ein starker Kämpfer und Jäger. Er durchstreifte die Wälder und erlegte unzählige Tiger. Und wann immer er die Möglichkeit hatte, veranstaltete er einen Wettkampf mit einem Bären. Nach kurzer Zeit war er als Chang der Bär bekannt.

Der dritte Sohn war unbeschwert und fröhlich. Er wanderte durch die Dörfer, sprach mit den Menschen, hörte ihnen zu, erzählte ihnen Geschichten und brachte sie zum Lachen.

Nach einem Jahr kehrten die drei Söhne zu ihrem Vater zurück und berichteten von dem, was sie vollbracht und erlebt hatten.

Der Patriarch sprach: »Gut. So habt ihr eure Zeichen gesetzt – ob sie aber wirklich im reißenden Strom der Zeit bestehen können?«
Da sprach der erste Sohn mit großem Ernst: »Ich habe die Welt mit meinen Händen verändert. Meine Zeichen werden lange währen.«
Der zweite Sohn sprach hitzig: »Doch mein Ruhm wird länger währen! Ich habe meine Ehre mit meinem Blut verteidigt und bin zur Legende geworden!«
Der dritte Sohn lächelte und zuckte nur mit den Schultern.
Der alte Patriarch nickte und entließ die Söhne. Am nächsten Morgen aber brach er zu einer langen Reise durch das Land auf. Als er nach einem Monat zurückkehrte, rief er abermals seine Söhne zu sich.
Er wandte sich an den ersten. »Deine Denkmäler findet man an vielen Orten. Doch nicht selten wurden sie zerbrochen, beschmiert oder abgerissen. Dennoch sind deine Spuren sichtbar. Wenn ich davon sprach, dass mein Sohn diese Denkmäler errichtet hat, nickten manche Menschen. Deine Spuren werden den Menschen noch eine Weile sichtbar sein.«
Er wandte sich an den zweiten Sohn. »In den Dörfern der Wälder und der Berge spricht man deinen Namen wie den einer Legende aus. Vom Tigermann und Bärenkämpfer ist die Rede. Einige junge Männer haben sich an dir ein Beispiel genommen und wollen große Jäger werden. Schon kleine Kinder sprechen vom Tigermann wie von einem Helden. Wenn ich sagte, dass ich

dein Vater sei, fürchteten sich die Menschen ein wenig. Deine Spuren werden dein Leben überdauern.«
Dann wandte er sich an den dritten Sohn. »Dich, mein Sohn, kennt man allerorten. In welchem Dorf ich auch war, die Menschen erinnerten sich an deine Liebe, dein offenes Herz und die Freude, die du ihnen geschenkt hast. Sobald ich sagte, dass ich dein Vater sei, wurde ich besonders freundlich begrüßt und zum Essen geladen. Deine Spuren in der Welt werden für immer bestehen bleiben. Du sollst mein Nachfolger sein.«

Karma ist, was folgt

Es gibt nicht viele Begriffe der östlichen Philosophie, die so oft zu Missverständnissen führen wie »Karma«. Karma ist Thema dicker esoterischer und philosophischer Abhandlungen, die viele Fragen aufwerfen und oft wenig Antworten bieten. An sich ist die Sache jedoch ganz einfach: Karma ist das, was folgt.

Du rufst in den Wald hinein – und es schallt entsprechend wieder heraus. Du schreist deine Kinder an – und siehe da: Sie reagieren nicht etwa mit Freundlichkeit und Zuneigung, sondern ziehen sich in sich selbst zurück, werden bockig oder finden dich einfach nur blöd (womit sie ja vielleicht sogar recht haben). Du wirfst einen Stein in die Luft – und er fällt nach unten. Du verschlingst jeden Tag Burger und Pommes – und irgendwann passt die Hose nicht mehr: Alles Karma – nichts Besonderes.

Karma ist nicht Schicksal, denn das Schicksal ist unberechenbar, während Karma klar und berechenbar ist. Es ist nicht kompliziert. Karma hat auch nichts mit deinem Sternzeichen zu tun, sondern einfach nur damit, dass alles, was du tust, Folgen hat. Und dass du daher in deinem Leben früher oder später immer das bekommst, was du ausgesät hast. Wörtlich übersetzt heißt Karma ja auch nichts anderes als »Wirken« oder »Tun«. Wer Gutes tut, erntet süße Früchte, wer Böses tut, bittere – um es mal kindgerecht auszudrücken.

Es ist hilfreich, sich ein wenig mit dem Thema Karma zu befassen, denn dein Karma wirkt sich unter anderem stark auf deine Fähigkeit, Mitgefühl zu empfinden, aus. Wenn du andere verletzt, dich von Habgier leiten lässt, nur an deinen eigenen Vorteil denkst und dich entsprechend rücksichtslos verhältst, dann hindert dich das alles daran zu lieben. Darüber hinaus führt es dazu, dass auch andere dich nicht gerade mitfühlend behandeln werden und du wenig Unterstützung durch sie erfahren wirst.

Wenn du den schwarzen Wolf in deinem Herzen nährst, indem du dich von deinem Hass, deiner Wut oder deinen Neidgefühlen beherrschen lässt, schüttet dein Körper ständig Stresshormone aus, wodurch du nicht nur deine Gesundheit, sondern auch deinen Geist belastest. Was immer du tust, wird sich auf irgendeine Weise auswirken. Es macht daher einen großen Unterschied, ob du dich mitfühlend, gleichgültig oder grausam verhältst. Und zwar nicht nur für die Welt um dich herum, sondern vor allem auch für dich selbst.

Im Buddhismus geht man davon aus, dass alle Wesen wechselseitig miteinander verbunden sind. Das ist keine »schöne Theorie«, sondern es entspricht konkreten Einsichten, die in der Meditation erfahren werden können. Der buddhistische Mönch Thich Nhat Hanh hat den Begriff »Interbeing« geprägt. Er macht auf die Tatsache aufmerksam, dass niemand isoliert vom Rest des Universums lebt, sondern dass alle Phänomene eng ineinander verwoben sind und sich gegenseitig bedingen. Daher sollte man Karma auch aus dem Blickwinkel der Verbundenheit sehen.

Niemand existiert für sich allein. Wir sind alle miteinander verbunden – und daraus folgt, dass du immer, wenn du anderen Schaden zufügst, auch dich selbst schädigst. Aus spiritueller Sicht ist die Zerstörung, die wir heute auf der Erde beobachten können, die Folge entsprechenden Karmas. Klimakatastrophen, Kriege, Rassenunruhen, Flüchtlingsströme, Artensterben … diese Probleme entstehen nicht einfach so aus dem Nichts. Es gibt immer Ursachen.

Im Buddhismus geht es nicht darum, Verhalten zu verurteilen und zu bestrafen. Wohl aber ist Buddha nicht müde geworden, uns aufzuklären: Wenn du das tust, passiert das … Seine Grundaussage war, dass unsere eigenen negativen Handlungen die Bedingungen für unser jetziges Leiden erschaffen. Umgekehrt gilt aber auch: Eine mitfühlende, freundliche Haltung gegenüber allen Lebewesen und liebevolle Achtsamkeit in Worten und Taten schaffen optimale Bedingungen für unser morgiges Glück. Und sie fördern das Glück aller Lebewesen.

Karma-Detox – Reinigung von den Geistesgiften

Karma fällt nicht vom Himmel, sondern ist die Folge deiner Taten – was eine gute Nachricht ist, denn »Du machst es« heißt ja auch »Du kannst es ändern.« It's up to you.

An Möglichkeiten, gutes Karma zu schaffen, mangelt es nicht. Du kannst zum Beispiel weniger Fleisch essen. Oder gar keins. Wenn der Verkäufer dir versehentlich zu viel Wechselgeld rausgibt, kannst du es ihm einfach zurückzahlen, statt dir innerlich die Hände über ein paar Euro zu reiben, die dir weder zustehen noch dich glücklicher machen werden. Drängle andere Autofahrer auf der Autobahn nicht in die Verzweiflung. Tritt nicht nach kleinen Hunden (bei großen folgt »Instant Karma«). Oder hör auf damit, deine Gemüsebeete mit Gift zu besprühen.

Apropos »Gift«: Wenn du etwas über die Wurzel allen Übels, über die Ursache aller unseligen Handlungen, die unsere Welt zu einem ungemütlichen Ort und uns selbst zu unglücklichen Menschen machen, wissen willst, dann solltest du vielleicht die drei Geistesgifte kennenlernen: Unter dem Begriff »Geistesgifte« werden im Buddhismus besonders schädliche Einflüsse auf unseren Geist zusammengefasst. Die drei Geistesgifte sind verantwortlich dafür, dass es uns so schwerfällt, uns selbst oder andere mitfühlend und gütig zu behandeln. Sie blockieren uns den Weg zu Gelassenheit, Leichtigkeit und Lebensfreude und rauben uns die Möglichkeit, zu wachsen und ganz wir selbst zu werden. Die drei Geistesgifte bereiten den Nährboden für alle unheilsamen Handlungen und wirken sich fatal auf unser Karma aus. Sie heißen Hass, Gier und Verblendung. Und jeder von uns kennt sie sehr gut, wenn sich auch je nach Persönlichkeitstyp verschiedene Geistesgifte mehr oder weniger stark auswirken und sie dir vielleicht unter anderen Namen bekannter vorkommen werden.

Hass …

… oder auch Wut, Ärger, Ablehnung, Unzufriedenheit, Feindseligkeit, Unversöhnlichkeit oder Rachsucht. Alle diese destruktiven Gefühle und Stimmungen sind Varianten über ein einfaches Thema: Wir bekommen etwas, das wir nicht wollen.

- Wir finden uns in einer Situation wieder, die wir nicht akzeptieren können.
- Wir begegnen einem Menschen, den wir nicht mögen.
- Wir kämpfen gegen uns selbst, weil wir Eigenschaften in uns haben, die wir für schlecht halten.

Das eigentliche Thema von Hass und seinen unseligen Verwandten ist also Ablehnung – oder mit anderen Worten ein inneres »Nein! Das soll/darf nicht so sein!« Und natürlich führt diese abwehrende Haltung zu Anspannungen in Körper und Geist. Wir wollen uns schützen, wollen etwas oder jemanden abwehren, wegstoßen – und sei es auch nur eine andere Meinung, die uns nicht passt. Wir sind im Kampfmodus und angestrengt, wodurch wir uns nicht nur die Laune verderben, sondern auch unserem Immunsystem schaden und ein hässliches Gesicht kriegen. Die Ursache unserer Abneigung und übertriebenen Abgrenzung liegt immer darin, dass wir uns selbst als isoliertes Ego empfinden, das wir gegen die Welt und die anderen behaupten müssen.

»Hass hat noch nie Hass überwunden.
Doch Liebe überwindet Hass.
Dieses Gesetz besteht seit eh und je.
Auch du wirst eines Tages sterben.
Wenn du das erkannt hast:
Wie könntest du da noch streiten?«

Buddha

Das Gegenmittel liegt auf der Hand: Wir müssen immer wieder üben, loszulassen. Vor allem in Situationen oder mit Menschen, die unsere Abneigung wecken, sollten wir versuchen, uns nicht zu verschließen, sondern uns zu öffnen. Indem wir uns unserer Verbundenheit mit allen Menschen bewusst werden, wird es uns leichter fallen, Mitgefühl und Güte zu entwickeln.

Gier …

… oder auch Verlangen, Habgier, Sucht oder Begehren, Wollust, Rausch oder Triebhaftigkeit. Hinter jeder Form von Gier steckt ein einfaches Problem: Wir wollen etwas haben, was uns fehlt – oder genauer gesagt: von dem wir uns einbilden, dass es uns fehlt. Wir sehnen uns nach Anerkennung, wir wollen unbedingt Schokolade, Sex, Drogen, Geld, Likes auf Instagram oder das Hotel mit der größten Auswahl am Frühstücksbuffet – und zwar sofort, denn Gier duldet keinen Aufschub.

Während Hass eine abwehrende Geisteshaltung repräsentiert, offenbart Gier eine anhaftende. Ohne ein Gefühl des Mangels würden wir keine Gier verspüren. Wenn wir die Fülle in unserem Herzen noch nicht erfahren haben, suchen wir eben auf materieller oder sinnlicher Ebene danach, auch wenn wir ahnen, dass hier kein Blumentopf zu gewinnen ist. Denn echte Befriedigung lässt sich in der sinnlichen Welt nicht erlangen. Oder wie es im Song der Rolling Stones heißt: »I can't get no satisfaction.« Und so sehr Mick Jagger es auch versucht (die Phrase »but I try« kommt im Song sehr oft vor) – wirkliche Zufriedenheit können wir nun einmal nicht im Außen finden, dafür müssen wir nach innen schauen.

»Der Mensch leidet, weil er Dinge besitzen und festhalten will, die ihrer Natur nach vergänglich sind.«

Buddha

Als geeignete Gegenmittel gegen Gier und Verlangen gelten im Buddhismus Großzügigkeit und Mildtätigkeit. Und auch die Erkenntnis, dass wir in dieser Welt keinen noch so schönen Schatz finden werden, der Bestand hat, kann unser Festklammern an den Objekten des Begehrens lockern und uns mehr innere Freiheit schenken.

Verblendung …

… oder auch Täuschung, Verwirrtheit, Unwissenheit, Dummheit, Oberflächlichkeit, Illusion oder Kopflosigkeit. Das dritte der drei Geistesgifte ist am schwersten zu überwinden, denn wie sollen wir ein Problem lösen, wenn wir es gar nicht als Problem erkennen? Verblendung führt dazu, dass wir das Unwesentliche für wesentlich und das Wesentliche für unwesentlich halten. Wir verwechseln die Glasperlen mit den Diamanten. Wir legen großen Wert auf Dinge, die in ihrem Kern wertlos sind – auf Ruhm, gutes Aussehen, schöne Kleider, Reichtum, Ehre und gutes Image. Unwissenheit ist auch die Ursache dafür, dass wir unsere Meinung für die einzig richtige halten. Täuschung führt dazu, dass wir uns selbst aber nicht nur mit unseren Meinungen, sondern auch mit unserem Körper oder Besitz verwechseln und ständig fragwürdigen Zielen hinterherjagen. Und Unwissenheit oder Dumpfheit ist auch der Grund dafür, dass wir die Stimme unseres Herzens nicht hören können, weil wir gar nicht erst auf die Idee kommen, einmal anzuhalten und zu lauschen.

Gegen das Geistesgift der Unwissenheit helfen nur Erkenntnis und Weisheit. Dummerweise können wir beides nicht direkt herbeiführen, so wenig wie wir Erleuchtung

»machen« können. Den Weg allerdings, durch den wir tiefe Einsicht und innere Klarheit finden und uns vom Schleier der Unwissenheit befreien können, den hat Buddha sehr konkret beschrieben. Es ist der Weg der Achtsamkeit und der Güte, die wir in der Meditation ebenso wie im Alltag entfalten können.

Reflexion: Liebe säen, Liebe ernten

Tag für Tag kannst du gutes oder schlechtes Karma schaffen. In jedem Augenblick deines Lebens gestaltest du deine Zukunft. Mit deinem Geist erschaffst du die Welt, in der du leben wirst. Wenn du dich nach mehr Liebe sehnst, dann liebe. Wenn du eine Atmosphäre der Freundlichkeit und Offenheit genießen möchtest, dann musst du zunächst einmal selbst freundlich und offen sein.

Was immer du aussäst, wirst du eines Tages ernten. Daher ist es hilfreich, genau zu beobachten und achtsam zu bleiben:

- Was du tust, wirkt – handle mit offenem Herzen.
- Was du sagst, wirkt – wähle deine Worte achtsam, sprich freundlich und sanftmütig.
- Was du denkst, wirkt – achte auf deine Gedanken. Nähre Mitgefühl und Verständnis in deinem Geist.

Strahle Liebe aus, auch wenn die Menschen um dich herum lieblos sind. Bleib zugewandt, auch wenn die anderen sich abwenden. Bewahre deine Ruhe und Heiterkeit, auch wenn die Menschen um dich herum angespannt oder deprimiert sind. Warte nicht auf die anderen. Tu selbst den ersten Schritt.

Die drei Siebe

Der große Weise saß vor seinem Haus, genoss die Abendsonne und eine Schale Reiswein, als ein Freund aufgeregt zu ihm kam und sprach: »Höre, ich muss dir unbedingt etwas über den Kaufmann erzählen …«

»Halt!«, sprach der Weise. »Hast du das, was du mir erzählen willst, schon gesiebt?«

»Gesiebt?«, fragte der Freund erstaunt.

»Nun, ist die Geschichte denn wahr? Das ist das erste Sieb.«

»Ach, das weiß ich nicht genau. Ich habe sie auf dem Markt gehört …«

»Hm, aber berichtet die Geschichte von etwas Gutem? Dies nämlich ist das zweite Sieb.«

»Oh nein, von etwas Gutem? Nein, das kann man wahrlich nicht sagen. Eher im Gegenteil.«

»Aha. Aber sie hat doch einen Nutzen? Der Nutzen ist das dritte Sieb.«

»Nützlich? Ach woher. Ich wüsste nicht …«

»Deine Geschichte ist also weder wahr noch gut noch nützlich. Warum willst du mich dann damit belasten? Oder dich selbst? Ich rate dir: Vergiss sie! Trink statt-

dessen ein wenig Wein mit mir und genieße die Abendsonne!«

Mitgefühl als tägliche Praxis

Kein Musiker käme auf die seltsame Idee, sich als Solist auf eine Bühne zu stellen, ohne zuvor sein Programm geübt zu haben. Kein Sportler begäbe sich untrainiert in einen Wettkampf. Seit der ersten Klasse wissen wir, dass Fähigkeiten wie Schreiben oder Rechnen geübt werden müssen – und zwar nicht nur mal so zwischendurch, sondern regelmäßig und meist über recht lange Zeit. Und dabei geht es noch nicht einmal um besondere Leistungen, sondern um ganz alltägliche Fertigkeiten.

Dass auch Qualitäten wie innere Ruhe, Gelassenheit oder Mitgefühl geübt werden können, ist weniger bekannt. Doch ebenso, wie wir unser anatomisches Herz durch Ausdauersport trainieren können, können wir auch unser spirituelles Herz durch die regelmäßige Übung von Sanftmut und Mitgefühl entfalten. »Training« ist hierbei allerdings vielleicht nicht ganz der richtige Ausdruck. Obwohl hierzulande auch Kurse in Achtsamkeitstraining oder Gelassenheitstraining angeboten werden, ist es doch treffender, von »Kultivieren« zu sprechen, was auch der östlichen Philosophie eher entspricht, nach der Übung nicht als Mühsal, sondern vielmehr als Weg zu sich selbst gesehen wird.

Gelassenheit, Zufriedenheit und Güte lassen sich durch eine entsprechende Praxis relativ schnell kultivieren. Tatsächlich ist die achtsamkeitsbasierte und auf Mitgefühl gründende Meditation eine besonders effektive Möglichkeit, um dein Herz zu öffnen.

Ein anderer Weg besteht darin, es einfach immer wieder zu *tun*: täglich und mitten im Alltag Gelassenheit, Zufriedenheit und Güte kultivieren. Viele einfache kleine Schritte helfen dir dabei, und wir werden auch gleich ein paar Beispiele nennen. Zuvor solltest du jedoch wissen, was du eigentlich genau übst, wenn du dein Mitgefühl kultivierst, denn hier gibt es viele Missverständnisse. Daher wollen wir die Definition von Mitgefühl aus einem der ersten Kapitel an dieser Stelle gern noch einmal aufgreifen.

Was genau ist Mitgefühl – und was ist es nicht?

Mitgefühl ist unsere Fähigkeit, einem anderen Menschen mit ganzem Herzen zu begegnen und innerlich mit ihm zu sein. Es ist das Gefühl der Anteilnahme, das auftritt, wann immer wir fremdem Leiden begegnen, und beinhaltet zugleich den Wunsch, dieses Leiden zu lindern. Und natürlich ist diese Sensitivität gegenüber Leiden nicht auf andere Menschen beschränkt: Sie schließt unser eigenes Leiden mit ein. Und auch das Leiden anderer Wesen und der Natur.

Mitgefühl ist nicht Mitleid

Mitgefühl wird oft mit Mitleid verwechselt. Da die Begriffe »Mitleid«, »Empathie« und »Mitgefühl« eng zusammenhängen, ist es wichtig, dass wir sie unterscheiden können.

Wir empfinden Mitleid, wenn wir uns vom Leiden anderer Menschen anstecken lassen. Allerdings erzeugt Mitleid oft auch ein Gefühl von Unbehagen. Wir spüren den Schmerz des anderen zwar, bleiben aber trotzdem gern ein wenig auf Distanz.

Wer Mitleid hat, empfindet selbst Leid. Daher macht es uns Mitleid oft schwer, uns zu öffnen und nach einer Lösung für das jeweilige Problem zu suchen. Mitgefühl heißt, dass wir miteinander fühlen, während Mitleid bedeutet, miteinander zu leiden. Das sind keine Spitzfindigkeiten. Der Unterschied ist deutlich fassbar. Neurowissenschaftler konnten die beiden Zustände klar unterscheiden und sogar mit bildgebenden Methoden, wie dem CT, direkt zeigen: Mitleid erzeugt empathischen Stress, die negativen Emotionen sind dabei dominant, und das aktiviert ein ganz anderes neuronales System als Mitgefühl!

»Ich brauche dein Mitleid nicht« – diesen Satz bekommen wir von Menschen in Not öfter mal zu hören. Kein Wunder, Mitleid mit jemandem zu haben, bedeutet nämlich auch oft, auf ihn herabzuschauen und sich mit

Gedanken wie »Oh weh, du Ärmster« schnell wieder aus der Affäre zu ziehen.

Mitleid ist keine bewusste Haltung, sondern lediglich eine automatische Reaktion. Da Mitleid nicht zu geteiltem, sondern zu doppeltem Leid führt, erzeugt es in uns oft ein Gefühl von Ohnmacht oder Frustration, was bei Mitgefühl nie der Fall ist.

Mitgefühl ist nicht Sentimentalität

Vor allem Männer glauben gern, dass Mitgefühl etwas mit Sentimentalität zu tun hat: Mitfühlend sind höchstens Weicheier, Gefühlsdusel, Romantiker – aber doch keinesfalls »echte Männer«!

Echt?

Die Wahrheit ist, dass Mitgefühl ein klares Bewusstsein der eigenen Werte, eine eindeutige Haltung gegenüber dem Leben und den Mut erfordert, sich aktiv in andere hineinzuversetzen. Oder mit anderen Worten: Mitgefühl ist nichts für Feiglinge.

Eine gängige Übersetzung für Sentimentalität ist »Rührseligkeit«. Sentimentale Menschen nehmen äußere Erfahrungen zum Anlass, um sich in eine rührselige Stimmung hineinzusteigern. Sentimentalität ist eine Gemütsverfassung, in der wir sehnsüchtig schwelgen – eine Verfassung mit einem starken Hang zu Romantik und Melancholie.

In der Psychologie wird Sentimentalität als »emotionale Selbststimulation ohne Handlungsantrieb« definiert. Will heißen: Der Sentimentale blickt weinend aus dem

Fenster, ergriffen von der Tragik des Lebens – aber tun tut er nichts.

Mitgefühl ist nicht Empathie

Empathie ist recht eng mit Mitgefühl verwandt. Empathie ist sogar die Voraussetzung dafür, überhaupt Mitgefühl empfinden zu können. Das Gleiche ist es aber nicht.

Empathisch zu sein bedeutet, dass wir in Resonanz gehen: Wir fühlen mit anderen Menschen mit; allerdings geschieht dies nicht als Folge unserer inneren Ausrichtung, sondern weil wir unbewusst auf fremde Gefühle reagieren. Wir lassen uns sozusagen anstecken, ähnlich wie wir uns vom Lachen unserer Freunde anstecken lassen.

Diese automatische Reaktion auf Gefühle und Gedanken anderer Menschen geschieht unabhängig von unseren Werten. Mitgefühl ist ein Zustand der Achtsamkeit – Empathie ist das nicht unbedingt. Mitgefühl geht über das bloße empathische Reagieren auf die Erfahrung anderer hinaus und zeichnet sich durch Handlungsfähigkeit aus. Wir können unsere empathischen Impulse jedoch immer auch nutzen, indem wir sie in aufrichtiges Verständnis und Mitgefühl umwandeln.

Tag für Tag mitfühlend handeln

In jedem Augenblick kannst du deine Aufmerksamkeit von dir selbst auf andere verlagern und damit selbstsüchtige Impulse auflösen. Die folgenden kleinen Anregungen sind nur Beispiele dafür, wie viele Möglichkeiten es jeden Tag gibt, dein Herz für andere zu öffnen:

- Du kannst deinem Partner oder deinen Kindern mit ganzer Aufmerksamkeit zuhören, ohne sie zu unterbrechen, ohne mit Gegenargumenten oder Ratschlägen aufzuwarten und ohne innerlich Kommentare zum Gesagten abzugeben (was gar nicht so leicht ist, wenn man es nicht immer wieder übt).
- Wenn du chattest, eine Mail oder SMS schreibst, dann achte darauf, dass du freundliche Worte verwendest und dem anderen durch deine Worte Trost oder Kraft schickst, statt ihn zu kritisieren oder zu verletzen.
- Versuche, deinen inneren Richter zum Schweigen zu bringen, wenn du anderen begegnest. Es erfordert viel Aufmerksamkeit, das ständige Bewerten und Verurteilen in unserem Kopf abzustellen. Wenn es aber auch nur kurz klappt, fühlt sich das wunderbar an und hat eine sehr heilsame Wirkung auf unsere Beziehungen.
- Lächle fremde Leute aus ganzem Herzen an – Radfahrer oder Fußgänger, die dir entgegenkommen, ein Kind mit seiner Mutter im Bus, deinen Postboten, deine Nachbarin und gern auch ihren Hund ...
- Du kannst dich bei Menschen bedanken – dafür, dass sie dich unterstützt haben, oder einfach nur dafür, dass sie da sind.
- Bemühe dich in Gesprächen mit Freunden darum, ehrlich zu sein und offen zu bleiben. Verzichte darauf, schlecht über andere zu reden.

- Wenn du einen Menschen kennst, der sehr krank oder einsam ist, kannst du ihm ein wenig von deiner Zeit schenken oder auch Kleinigkeiten für ihn erledigen.
- Sich ehrenamtlich zu engagieren ist eine besonders wirkungsvolle Möglichkeit, sein Herz zu öffnen, die nebenbei noch vor Einsamkeit schützt.
- Durch einen einfachen Wunsch kannst du jeden Menschen im Geiste »segnen«, wenn er dir begegnet oder sich von dir verabschiedet. Sprich innerlich einfach die Worte: »Mögest du glücklich sein.«

Die drei Söhne des Reichen

Ein reicher Mann hatte drei Söhne, die ließ er alle drei bei einem großen Schwertmeister in die Lehre gehen. Er selbst vermochte das Schwert meisterlich zu führen und wusste, dass die Ausbildung im Schwertkampf den Charakter schult. Er besaß ein kostbares Schwert, das schon seit unzähligen Generationen vom Vater auf den würdigsten Sohn vererbt wurde. So wollte auch er es halten und beschloss, seine Söhne zu prüfen.

Nach drei Jahren kamen sie von ihrer Ausbildung zurück nach Hause, und der Vater bat sie, einer nach dem anderen einzutreten. Über den Türrahmen hatte er ein Sitzkissen gelegt, das bei der geringsten Erschütterung herunterfallen würde.

Der erste Sohn trat ein. Das Kissen fiel zu Boden, er hob es auf, klopfte den Staub ab und überreichte es seinem Vater. Der nickte. »Ich danke dir, mein Sohn. Nun warte bitte noch ein Weilchen.« Und er legte das Kissen wieder auf den Türrahmen.

Der zweite Sohn trat ein. Das Kissen begann zu fallen, doch der achtsame Jüngling machte einen raschen Schritt zur Seite, fing das Kissen auf und übergab es seinem Vater mit einer Verbeugung. Der Vater lächelte. »Ich danke dir. Bitte warte nun noch auf deinen Bruder.«

Der dritte Sohn trat ein. Das Kissen fiel, er sprang zur Seite, zog mit einer blitzschnellen Bewegung sein Schwert und das Kissen fiel in vier Teile zerschlagen zu Boden. Der Vater nickte und bat auch seinen dritten Sohn, sich zu setzen.

Nachdem sie schweigend eine Tasse Tee getrunken hatten, sprach der Vater: »Ich habe überlegt, wer von euch unser Familienschwert erben soll. Es ist wichtig, dass es nur ein Würdiger erhält, und so habe ich euch geprüft.« Er nickte dem ersten Sohn zu. »Du warst höflich und hast richtig gehandelt. Doch du musst noch ein wenig fleißiger bei deinen Schwertübungen werden.«

Er nickte dem zweiten Sohn zu und lächelte. »Du bist würdig, das Schwert zu bekommen.«

Er wandte sich an seinen dritten Sohn und sah ihn gleichzeitig liebevoll und streng an. »Du, mein Sohn, solltest fortan kein Schwert mehr führen und dem Schwertkampf entsagen, sonst wirst du großes Unglück über dich bringen.«

Geh freundlich mit dir selbst um

Man sollte ja eigentlich meinen, dass es für uns nichts Leichteres geben könnte, als respektvoll und freundlich mit uns selbst umzugehen. Immerhin gibt es ja niemanden, der uns annähernd so nahesteht wie wir uns selbst. Und wie sollen wir ein harmonisches Leben führen, wenn wir uns selbst nicht leiden können?

Ein Mangel an Selbstmitgefühl steht deinem Glück im Weg und wirkt sich fatal auf alle deine Beziehungen aus. Wenn du dich oft über dich selbst ärgerst, wirst du dich auch leicht über andere ärgern. Wenn du eine schlechte Meinung von dir selbst hast, wird das auch deine Meinung über andere negativ beeinflussen. Und wenn du dich selbst nicht lieben kannst, kannst du auch niemanden sonst wirklich von Herzen lieben.

Zwar kannst du dich für andere aufopfern, aber das ist nicht das Gleiche. Güte und Selbstmitgefühl sind Qualitäten, die nichts mit einem Helfersyndrom zu tun haben. Beim Helfersyndrom haben wir es mit einem übertriebenen Drang, anderen zu helfen und gebraucht zu werden, zu tun, dem die Unfähigkeit zugrunde liegt, seine eigenen Bedürfnisse zu äußern. Die Psychologie spricht hier von »pathologischem Altruismus« also von »krankhafter Nächstenliebe«, die mit selbstloser Liebe natürlich nichts zu tun hat.

Anderen helfen zu wollen, ohne liebevoll und sanftmütig mit sich selbst umzugehen, gleicht dem Versuch, aus einer ausgetrockneten Quelle Wasser zu schöpfen. Es kommt im wahrsten Sinne des Wortes nichts dabei raus. Wer so sehr darum bemüht ist, andere zu unterstützen, dass er dabei sein eigenes Leben vergisst, lebt gefährlich. Übertriebene Aufopferungsbereitschaft endet oft in Scham- und Schuldgefühlen, in Burn-out oder Depressionen.

Was immer du also tust: Vergiss die Quelle nicht! Es hat nichts mit Egoismus zu tun, wenn du deine eigenen Bedürfnisse ernst nimmst. Es ist nicht selbstsüchtig, gut für dich zu sorgen. Bevor du anderen deine Wärme schenken kannst, musst du dein eigenes Herz wärmen, indem du freundlich mit dir umgehst.

Vielleicht hast du nicht so viel Übung darin, liebevoll mit dir umzugehen. Vielleicht hattest du als Kind keine guten »Mitgefühls-Lehrer«. Viele Kinder wachsen in einer Atmosphäre auf, in der sie wenig Aufmerksamkeit und Beachtung erfahren. Wenn die Menschen, denen wir als Kinder anvertraut waren, nicht dazu in der Lage waren, uns in unserem Wesen wahrzunehmen, uns Geborgenheit zu vermitteln oder unser natürliches Selbstwertgefühl zu stärken, dann ist das nicht nur traurig für uns, sondern auch für sie, denn sie haben eine große Chance verpasst.

Später ist es für uns dann aber umso wichtiger, daraus die richtigen Schlüsse zu ziehen. Die falsche Schlussfolgerung (und ein Denkfehler, der leider sehr verbreitet ist) ist, dass wir glauben, selbst schuld, wertlos oder nicht liebenswert zu sein. Der richtige Schluss, den wir ziehen sollten, ist, dass wir uns jetzt, da wir keine Kinder mehr sind, sehr gut um uns selbst kümmern sollten.

Selbstfürsorge kultivieren

Nimm dich selbst in Liebe an. Schenk dir mehr Beachtung. Warte nicht darauf, dass ein anderer kommt und dir die Wärme gibt, die du dir letztlich nur selbst geben kannst.

Im Folgenden findest du einige einfache Möglichkeiten, dir selbst mehr Verständnis und Güte entgegenzubringen und gut für dich zu sorgen:

- Mach dir bewusst, dass du – wie alle anderen Menschen auch – immer wieder mit Schwierigkeiten zu kämpfen haben wirst. Du wirst Fehler machen, falsche Entscheidungen treffen, auf Abwege geraten, und du wirst öfter, als dir lieb ist, mit deinen Schwächen konfrontiert werden. Der Grund dafür ist ganz einfach: Du bist ein Mensch – und so sind Menschen nun mal. Hab Verständnis für dich selbst und drück immer mal wieder ein Auge zu. Und falls das nicht reicht, dann eben beide.
- Du willst dein Leben verändern? Du willst ab jetzt deine Herzensziele verfolgen, dich in Zukunft weniger stressen lassen, weniger Alkohol trinken oder mehr für deinen Körper tun? Wunderbar! Veränderung ist ein Zeichen von Lebendigkeit und Intelligenz. Aber weißt du was? Bevor du irgendetwas änderst, solltest du erst einmal alles genauso lassen, wie es ist. Bring dir jetzt sofort mehr Verständnis und Mitgefühl entgegen – nicht erst später, wenn du irgendwann einmal »gut genug« bist. Lass dein Herz so

groß werden, dass auch alle deine Schwächen und Unzulänglichkeiten hineinpassen. Verschiebe Selbstfürsorge nicht auf später. Sorge hier und jetzt für mehr Geborgenheit, Freundlichkeit und Selbstmitgefühl.

- Tu, was du liebst. Geh nicht ins Kino, um anderen einen Gefallen zu tun – geh nur, wenn du wirklich Lust auf den Film hast. Triff dich nicht mit Menschen, die dir deine Energie rauben oder dich mit ihrer Negativität belasten. Wenn du erst erleuchtet bist, kannst du sie alle mal zum Tee einladen, aber fürs Erste solltest du viel Wert auf gute Gesellschaft legen – auf Menschen, mit denen du dich entspannen und bei denen du ganz du selbst sein kannst.
- Beachte deine Grenzen. Bewahre die Mitte. Arbeite nicht zu viel, schlafe nicht zu wenig, iss nicht zu viel, bewege dich nicht zu wenig ... Achte bei allem, was du tust, darauf, nicht aus dem natürlichen Gleichgewicht zu kommen.
- Hör auf, dich mit anderen zu vergleichen. Sie sind sie, und du bist du – alles gut. Vögel sind keine guten Schwimmer, und Fische können nicht fliegen. Versuche nicht zu fliegen, wenn du keine Flügel hast, und nicht unter Wasser zu leben, wenn du keine Kiemen hast. Jeder Mensch ist nur einmal auf der Welt – und das reicht ja auch dicke.
- Erlaube dir, Fehler zu machen. Erlaube es dir, du selbst zu sein – mit allen Macken, die dazugehören. Gib dir aber auch die Erlaubnis, dich zu entspannen,

loszulassen und glücklich zu sein. Und vor allem: Erlaube dir, jederzeit gut für dich selbst zu sorgen.

Mit sich selbst verbunden sein

Selbstmitgefühl ermöglicht es dir, mit dir selbst verbunden zu sein. Das hört sich vielleicht ein wenig komisch an – »Wie bitte? Mit sich selbst verbunden sein? Bin ich das nicht automatisch?«

Nun, mit dir selbst verbunden zu sein heißt, dass du authentisch und ganz bei dir bist. Wenn du in gutem Kontakt zu dir selbst und deinen Werten bist, dann weißt du genau, was du willst und was du nicht willst. Du weißt, was du gerade brauchst, um dich wohlfühlen und glücklich sein zu können. Du kennst deine Sehnsüchte, fühlst deine Gefühle und spürst deinen Körper. Und im Großen und Ganzen weißt du auch, was für Gedanken dir so durch den Kopf gehen. Wer mit sich selbst verbunden ist, hat wenig Probleme, denn Probleme entstehen immer durch Abspaltung und niemals durch Verbundenheit.

Selbstmitgefühl ist einfach. Genauso wie Mitgefühl an sich einfach ist. Mitgefühl und Selbstmitgefühl unterscheiden sich nur durch das Objekt, auf das du dich fokussierst. Mitgefühl ist die Fähigkeit, die Probleme und Nöte anderer Menschen zu erkennen und ihnen einfühlsam zu begegnen. Und Selbstmitgefühl heißt, dass du den Fokus darauf legst, deinen eigenen Leiden mitfühlend und offen zu begegnen.

So wie Mitgefühl nicht Mitleid ist, so ist Selbstmitgefühl auch nicht Selbstmitleid! Wer sich selbst bemitleidet, sieht sich als Opfer der Umstände (»Warum passieren immer mir solche Sachen?«), und sein Denken bewegt sich im Kreis.

Selbstmitgefühl ist hingegen klar, wertungsfrei und wohlwollend: Du sprichst zu dir, wie du zu deinem liebsten, engsten Freund sprechen würdest. Sei dein bester Freund, deine beste Freundin! Du erkennst und verstehst die Schwierigkeiten oder Leiden – doch du haderst nicht damit, sondern versuchst, deinen Freund zu trösten, für ihn da zu sein, ihm zu helfen. Sobald du zu dir selbst sprichst wie zu deinem besten Freund, wirst du sehen, wie einfach es ist, sich von Verurteilungen, Schuldzuweisungen oder von Selbstkritik zu befreien und mit sich selbst in Frieden zu sein. Selbstmitleid führt zu mehr Leiden, während Selbstmitgefühl Leiden lindert und oft sogar auflöst. Daran kannst du auch jederzeit den Unterschied erkennen.

Meditation: Liebevolle Achtsamkeit im Atem

Nimm dir etwas Zeit für eine kurze Meditation.

- Setz dich aufrecht hin, schließ die Augen und entspann deinen Körper. Lass deine Gedanken zur Ruhe kommen und lenk deine Achtsamkeit auf die Tatsache, dass du gerade atmest.

- Richte deine Aufmerksamkeit nun ganz auf den Atemstrom, den du an deiner Nase wahrnehmen kannst. Vielleicht kannst du spüren, dass die Luft beim Einatmen etwas kühler und beim Ausatmen etwas wärmer ist. Versuche aber nicht, den Atem zu verändern – verlangsame oder vertiefe deinen Atem nicht willentlich, sondern bleib in einem Zustand entspannten Beobachtens.
- Vergiss den Lärm der Welt und den inneren Lärm – schau einfach nur deinem Atem zu, aber öffne dabei dein Herz. Wenn der Atem kommt, dann lade ihn freundlich ein – heiße ihn willkommen. Wenn der Atem geht, dann verabschiede ihn freundlich. Bleib bei jedem Atemzug offen und liebevoll. Beobachte deinen Atemstrom wie sanfte Wellen auf dem Meer.
- Lass die Achtsamkeit entspannt auf deinem Atem ruhen und lass nach und nach immer mehr Spannungen im Körper los. Dabei kannst du ein sanftes Lächeln zu Hilfe nehmen – das kann auch ein inneres Lächeln sein.
- Schick mit deinem Lächeln eine Welle der Freundlichkeit und des Mitgefühls durch deinen ganzen Körper. Lass zu, dass sich das Lächeln mit jedem Atemzug weiter ausbreitet, bis es dein ganzes Wesen erfüllt. Bleib einige Minuten bei dieser Vorstellung.
- Spür noch einmal in deinen Körper hinein und horche auf die Geräusche um dich herum, bevor du die Meditation beendest und die Augen öffnest.

Aufgeben

Ein alter Mönch kam zu Meister Da Xin und sprach: »Meister, ich habe mich kasteit, habe unermüdlich gelernt, habe hart im Kloster gearbeitet, habe gefastet und allen Begierden entsagt. Ich habe das Leid erfahren und ertragen und doch blieb mir die Erleuchtung versagt. Ich habe Gier, Hass, Streben und Freude aufgegeben. Was kann ich noch tun? Wenn Ihr mir doch nur raten könntet!«
Der Meister lächelte und legte dem Alten eine Hand auf den Arm. »Ach, mein Lieber, du hast es beinahe geschafft. Nun gibt nur noch das Leiden auf.«
Der Mönch sah den Meister verwundert an. »Und wie soll ich das anstellen?«, fragte er.
Der Meister sah ihn lange an – dann sprach er: »Sei nicht so streng zu dir und schenk dir selbst mehr Mitgefühl.«

Vom weisen Umgang mit Hindernissen

Was hindert dich daran, jetzt sofort dein Herz zu öffnen? Was macht es dir manchmal so schwer, gelassen, mitfühlend und glücklich zu sein? Warum ist es dir nicht möglich, dich ein für alle Mal von Ängsten, Sorgen oder düsteren Stimmungen zu befreien? Schließlich entscheidet sich ja keiner von uns dafür, schlecht drauf zu sein oder zu leiden. Offensichtlich muss uns also etwas im Weg stehen. Irgendwelche Kräfte müssen da am Werk sein, die es uns schwer bis unmöglich machen, uns selbst und anderen Menschen Mitgefühl entgegenzubringen und uns in unserem Leben rundum wohlzufühlen. Aber was für Kräfte sind das?

Im Buddhismus ist eine Geschichte überliefert, in der Mara – ein richtig übler, boshafter Dämon – Buddha davon abzuhalten versucht, Erleuchtung zu erlangen. Kurz davor, in die große, endgültige Befreiung einzutreten, sitzt Gautama Buddha heiter und gelassen unter dem Bodhibaum, als plötzlich Mara erscheint. Im Buddhismus gilt er als Prinzip des Unheils und als Erzfeind des spirituellen Lebens – Mara ist also gewissermaßen eine indische Variante des Teufels. Er versucht, Buddha durch die

Armeen seiner bewaffneten Krieger zu erschrecken. Nachdem der dadurch aber nicht aus der Ruhe zu bringen ist, lässt Mara seine leicht bekleideten, verführerischen Töchter vor Buddhas Nase herumtanzen, was Buddha aber ebenso wenig anficht. Die Geschichte endet damit, dass Mara es aufgibt, auf Nimmerwiedersehen verschwindet und Buddha die letztendliche Befreiung erlangt.

Was hat es mit »Maras Armeen« auf sich? Natürlich handelt es sich da nicht etwa um leibhaftige, mit Pfeil und Bogen bewaffnete Krieger. Vielmehr repräsentieren Maras Gesandte die Hindernisse, die sich jedem Menschen in den Weg stellen, der nach Freiheit, Wahrheit und Güte sucht. Diese Hindernisse, die Buddha später konkret benennt, sind insbesondere sinnliches Begehren, Unzufriedenheit, Verlangen, Trägheit, Angst, Zweifel sowie Unruhe und Rastlosigkeit.

Kommt dir irgendwas davon bekannt vor?

Wer meditiert, weiß recht gut, wie lästig Unruhe, Ängste oder Trägheit werden können und dass es so gut wie unmöglich ist, Klarheit zu gewinnen oder sich auch nur richtig zu entspannen, solange diese oder andere destruktive Kräfte den Geist verwirren.

Zu den von Buddha genannten Hindernissen auf dem Weg zu einem offenen Herzen und einem klaren Geist gesellen sich außerdem noch Persönlichkeitsanteile, die wir an uns ablehnen. Oder das, was Psychologen den »Schatten« nennen. Was »brav« und was »böse« ist, das lernen wir ja schon als kleine Kinder. Und wir verstehen schnell, wie wir »sein dürfen« und wie wir »nicht sein dürfen«. Abhängig von den Moralvorstellungen unserer Eltern und der Gesellschaft werden wir von klein auf mit Erwartungen, Anforderungen, Geboten und Verboten konfrontiert. Alle unsere Persönlichkeitszüge, die nicht mit der Welt, in der wir leben, kompatibel und somit unerwünscht sind, verdrängen wir ins Unbewusste. Sie werden zu unserem Schatten.

Für Menschen, die auf einem spirituellen Weg sind, ist es oft besonders schwierig, sich ihrem Schatten zu stellen: Eigenschaften wie Neid, Eifersucht, Gier oder Aggressivität passen halt so gar nicht ins heilige Bild. Dumm ist nur, dass diese Eigenschaften nicht dadurch verschwinden, dass wir uns die Augen zuhalten – eher im Gegenteil.

Mara auf einen Drink einladen

Was machen wir jetzt am besten mit diesem Konflikt zwischen dem, wie wir sein sollten, und dem, wie wir wirklich sind? Wenn du Gefühle wie Neid, Angst, Wut oder Frustration unterdrückst, werden sie sich irgendwann auf körperlicher Ebene austoben und dich krank machen. Oder sie werden zur Quelle für verschiedene Neurosen.

Auch alte Verletzungen oder traumatische Erfahrungen gehören zu den Hindernissen, die es uns schwermachen, unser Herz zu öffnen und frei zu werden. Mit einem gebrochenen Herzen ist der Widerstand, sich zu binden oder sich mit anderen Menschen zu verbinden, verständlicherweise groß.

Ganz gleich, ob Hass, Ängste, Misstrauen oder Unruhe – was auch immer Mara so alles einfällt, um uns das Leben und das Lieben schwerzumachen: Die beiden Strategien, die wir am häufigsten anwenden, um unsere Dämonen loszuwerden, funktionieren leider nicht:

1. Wir können nicht vor Mara weglaufen – er ist ja nicht irgendwo da draußen, sondern in uns.
2. Wir können nicht gegen Mara ankämpfen – oder jedenfalls werden wir diesen Kampf nie gewinnen.

Die einzige Möglichkeit, dich zu befreien, besteht darin, Mara auf einen Drink einzuladen. Lauf nicht weg, kämpfe nicht, sondern begegne deinen Schattenseiten mit liebevoller Achtsamkeit. Oder wie es der Meditationslehrer Joseph Goldstein so schön ausdrückte: Du kannst die Wellen nicht aufhalten, aber du kannst lernen, auf ihnen zu surfen.

Aus Sicht der Achtsamkeit gibt es weder »falsche Erfahrungen« noch »falsche Gefühle«. »Die ganze Welt ist Medizin«, sagen die Tibeter. Alles, was dir begegnet, und alles, was du empfindest, kann dich auf dem Weg zu deinem Herzen unterstützen. Negative Gefühle, belastende Gemütszustände und alte Verletzungen können sogar zu einem Schlüssel zu mehr Güte und Mitgefühl werden. Du befreist dich von inneren Hindernissen, indem du sie dir vollkommen bewusst machst, dich ihnen stellst und sie bedingungslos akzeptierst.

Es gibt nur eine weise und effektive Art, mit unwillkommenen Emotionen umzugehen: Wir müssen ihnen mit liebevoller Achtsamkeit begegnen – das heißt, dass wir sie wahrnehmen, da sein lassen, genau beobachten und schließlich auch wieder vergehen lassen. Durch liebevolle Achtsamkeit können wir die ganze Palette an Erfahrungen, Gedanken und Gefühlen annehmen und als Teil von uns willkommen heißen.

Wie übt man das? Entweder in Form einer Sitzmeditation oder mitten im Leben. Das Einzige, was du »brauchst«, um liebevolle Achtsamkeit gegenüber unerwünschten Gefühlen zu praktizieren, sind unerwünschte Gefühle. Wenn in deinem Leben alles wunderbar läuft und du dich rundum wohlfühlst, brauchst du dich also gar nicht erst auf dein Meditationskissen zu setzen – es sei denn, du willst grundsätzlich mehr Heiterkeit, Ruhe und Sammlung entwickeln.

Liebevolle Achtsamkeit gegenüber unerwünschten Gefühlen

Diese Methode kannst du nur einsetzen, wenn du es wirklich mit schwierigen Gefühlen zu tun hast – und oft ist das im Alltag leichter als in der formalen Meditation.

- Schritt 1: Zunächst einmal musst du natürlich wahrnehmen, dass da ein unerwünschtes oder schwieriges

Gefühl ist, das dir auf die Stimmung drückt. Vielleicht ist es nur ein leichtes Unbehagen, vielleicht aber auch ein Drama – vielleicht ein graues Wölkchen, vielleicht eine dunkle Gewitterfront. Lenk deinen Fokus auf die Tatsache, dass da ein unerfreuliches Gefühl oder ein unangenehmer Zustand in dir ist.

- Schritt 2: Gib dem Gefühl, der Stimmung, der Emotion oder dem negativen Zustand einen Namen. Vielleicht ist sofort klar, dass es beispielsweise Unruhe ist, vielleicht musst du auch ein wenig überlegen. Je mehr Namen du kennst, desto leichter ist es, einen passenden zuzuordnen, daher hier ein paar Vorschläge: Angst, Unsicherheit, Zweifel, Langeweile, Wut, Ärger, Neid, Eifersucht, Ekel, Scham, Unruhe, Depression, Enttäuschung, Zorn, Gehässigkeit, Verzweiflung, Leere, Verwirrung, Ohnmacht, Trauer, Sorgen, Erschöpfung, Ungeduld, Unzufriedenheit, Anspannung, Panik ...
- Schritt 3: Nachdem du das Gefühl erkannt und benannt hast, kommt jetzt der entscheidende Punkt. Kämpfe nicht dagegen an, versuche nicht, es zu verjagen, sondern akzeptiere bedingungslos das Gefühl, das du gerade empfindest. Gib dir die Erlaubnis, zu fühlen, was du fühlst. Sag dir: »Es ist okay, wütend, traurig, nervös ... zu sein.« Sag innerlich Ja zum Schmerz, zum Widerstand, zur Hoffnungslosigkeit, zur Trauer ...
- Schritt 4: Lenk deine Achtsamkeit jetzt auf deinen Körper. Jedes Gefühl manifestiert sich auf irgendeine

Weise dort. Wechsle die Ebene deiner Wahrnehmung. Kannst du die Auswirkungen des belastenden Gefühls irgendwo in deinem Körper spüren? Achte besonders auf Bauch, Hals, Gesicht und Rücken und beobachte auch, wie dein Atem reagiert. Vielleicht kannst du die Wirkung auch an der Körpertemperatur wahrnehmen, weil dir beispielsweise warm, heiß oder auch kalt wird ...

Das war's. Mehr gibt es nicht zu tun, denn das wirklich Erstaunliche ist, dass jetzt fast immer eines von zwei Dingen passieren wird: Entweder das Gefühl löst sich langsam (oder schnell) auf, oder es bleibt zwar noch eine Weile, bedrückt dich aber nicht mehr. Du hast gelernt, auf achtsame, mitfühlende Weise mit dem unangenehmen Gefühl zu sein.
Das kannst du noch fördern, indem du dich »in das Gefühl hinein entspannst«. Klingt das verrückt? Wir meinen damit, dass du deine Muskeln mehr und mehr entspannst, deinen Atem frei strömen lässt und den Raum um das Gefühl herum vergrößerst. Der englische Satz »to soften the feeling« trifft es recht genau, lässt sich aber leider nicht gut übersetzen. Am besten, du experimentierst einfach ein wenig damit, dein Herz für das, was da ist, zu öffnen – bestimmt wirst du den Dreh dann schnell raushaben.

Der Mörder und der Weise

Ein Meister erwachte und erblickte einen Dieb, der sich in sein Haus geschlichen hatte. Als der Dieb bemerkte, dass der Meister wach war, erschrak er und zog ein langes Messer hervor. Gerade wollte er sich auf den Meister stürzen, als der ihm direkt in die Augen blickte und seine Hand hob. »Das solltest du nicht tun. Tötest du mich, tötest du dich selbst.«

Verblüfft hielt der Mann inne. »Wie das? Töte ich dich, so liegst du tot da, und ich laufe lebendig davon.«

Der Meister lachte. »Ja, weißt du denn nicht, dass alles eins ist?«

Der Mann blickte verwirrt drein. »Du bist ein alter Narr!«, rief er schließlich und stürmte aus dem Haus, ohne etwas mitzunehmen.

Ein paar Tage später wurde der Dieb gefangen genommen, als man ihn bei einem Einbruch auf frischer Tat ertappte. Nun stand er vor dem strengen Richter. »Du hast bei deinem Diebeszug ein Messer dabei gehabt«, sprach der Richter mit strenger Stimme. »Das heißt, du warst bereit, zu morden. Und so sollst du wie ein Mörder abgeurteilt werden.«

Der Dieb wurde bleich.

»Es sei denn«, fuhr der Richter fort, »es findet sich ein respektabler Bürger, der für dich spricht.«

Dem Dieb sank das Herz in die Hose, doch da trat der Meister nach vorn. Der Dieb begann zu zittern, doch der Meister lächelte und sah ihn sanftmütig an.

»Ehrwürdiger Richter«, sagte der Meister. »Jener Mann hat mich vor ein paar Tagen besucht. Er hatte auch sein Messerchen dabei. Ich habe mit ihm über die Einheit allen Lebens gesprochen. Als er ging, lachten wir beide – und er hat mir auch nichts gestohlen.«

Der Richter zog die Brauen hoch. Dann nickte er und verurteilte den Dieb zu einer Haftstrafe.

Als er seine Strafe verbüßt hatte, ging der Dieb geradewegs zum Haus des Meisters, fiel vor dem alten Mann auf die Knie und bat, als Schüler angenommen zu werden. Nie wieder stahl er und wurde nach vielen, vielen Jahren schließlich selbst ein angesehener Meister, der seinen Schülern immer wieder die Geschichte vom Dieb und dem Meister erzählte. Und jedes Mal liefen ihm dabei die Tränen über das Gesicht. »Alles Leben«, ermahnte er seine Schüler, »alles Leben ist eins!«

Die drei Tore ins Hier und Jetzt

In jedem Augenblick lebt jeder von uns im Hier und Jetzt. Immer. Das geht ja auch gar nicht anders. Die Frage ist nur, wie wir unseren Kopf dazu bringen, das zu kapieren und sich ein wenig zu entspannen. Genau genommen findet zwar auch das Denken immer nur im Hier und Jetzt statt, doch die Inhalte der Gedanken ziehen uns immerzu in die Zukunft (»Erst muss ich noch …«) oder in die Vergangenheit (»Ach, hätte ich nur …«).

Im Gegensatz zu unserem Herzen tut sich unser Kopf sehr schwer damit, sich auf die Schönheit des jetzigen Augenblicks einzulassen. Er ist zu unruhig, zu zerstreut, mit zu vielen Problemen beschäftigt. »Monkey Mind« nennen das die Buddhisten, und wahrscheinlich kannst du dir ganz gut vorstellen, was damit gemeint ist. Das Gefühl, dass eine Horde wilder Affen in unserem Kopf herumspringt, kennen wir wohl alle.

Wie können wir den Affenzirkus Zirkus sein lassen und unsere Aufmerksamkeit wieder auf das Wesentliche lenken? Immerhin ist das ja auch die Voraussetzung dafür, dass wir mehr auf unser Herz hören und weisere Entscheidungen treffen können.

Um den Geist einfach und wirkungsvoll in die Stille zu führen, können wir verschiedene Tore nutzen, die uns aus dem Gedankenkarussell befreien und uns mit dem Jetzt verbinden. Über die Jahrtausende haben sich dabei drei Tore als besonders hilfreich erwiesen – das Tor der Entspannung, das Tor der Sammlung und das Tor der Liebe.

Das erste Tor: Das Tor der Entspannung

»Wie bitte – Entspannung? Das ist doch banal. Lernt man das nicht in jedem Yogakurs?«

Wenn es ein guter Kurs ist, ganz bestimmt. Aber einerseits gibt es viele, die nie einen Yogakurs besuchen werden, und andererseits reicht es auch nicht, zu wissen, wie man etwas macht, wenn man es nicht immer wieder tut. Ganz egal, ob in der Meditation, in schwierigen

Situationen, in Gesprächen mit Freunden oder Kollegen – wenn wir angespannt sind, werden immer neu Probleme auftauchen und alles wird mühsam.

Entspannung ist mehr, als im Urlaub in der Sonne oder am Wochenende auf dem Sofa zu liegen und ein gutes Buch zu lesen. Obwohl das natürlich auch sehr angenehm und wichtig ist, wird es dir langfristig nicht zu mehr Glück und Mitgefühl verhelfen. Eine tiefe und systematische Entspannung des Körpers ist Voraussetzung dafür, dass sich auch dein Geist entspannen kann – genau genommen geht beides sogar Hand in Hand. Doch damit du deine Muskeln entspannen kannst, musst du sie überhaupt erst einmal spüren. Körperachtsamkeit ist also ganz entscheidend.

Buddha hat betont, dass die achtsame Hinwendung zu unserem Körper zu tiefem Frieden, spirituellem Erwachen und innerer Klarheit führt. Einzig und allein dadurch, dass wir unsere Achtsamkeit auf den Körper lenken, könnten wir vollkommene Befreiung erlangen, wenn es uns wirklich ernst damit ist. So viel also zur vermeintlichen Banalität von Entspannungstechniken.

Freunde dich gut mit deinem Körper an. Er verbindet dich mit deiner Lebendigkeit und ist ein Schlüssel zu mehr Lebensfreude und Mitgefühl. Dein Körper ist immer im Jetzt. Indem du dich in ihm niederlässt und es dir darin gemütlich machst, wird sich auch dein Geist von mentalem Ballast befreien und im Jetzt ankommen.

Das erste Tor: Den Körper vollkommen entspannen

Es ist nicht schwer, deinem Körper liebevolle Achtsamkeit entgegenzubringen. Du kannst das anfangs in Form einer kurzen Meditation einige Male üben und es später auch mitten im Alltag praktizieren.

- Richte deine Achtsamkeit gezielt auf deinen Körper. Spür die Haltung. Wenn du sitzt, liegst oder stehst, dann erforsche, wie sich das genau anfühlt. Nimm deine Körperhaltung achtsam wahr (in der Meditation wird es das aufrechte Sitzen sein, im Alltag kannst du deinem Körper aber in jeder beliebigen Haltung deine Achtsamkeit schenken).
- Scanne deinen Körper jetzt einmal kurz innerlich durch, indem du deinen Fokus der Reihe nach auf die einzelnen Körperbereiche richtest. Lass den inneren Scanner zuerst aufwärts wandern: Füße, Unterschenkel, Oberschenkel, Gesäß, unterer Rücken, oberer Rücken, Nacken, Hinterkopf, Schädeldach. Von hier aus geht es vorn abwärts: Stirn, Gesicht, Unterkiefer, Hals, Schultern, Ober- und Unterarme, Hände, Brust, Ober- und Unterbauch.
- Wenn du etwas Zeit hast, kannst du bei jedem Körperbereich einen Atemzug lang verweilen. Ansonsten kannst du mit deiner Vorstellungskraft aber auch in zwei oder drei Minuten durch deinen ganzen Körper wandern – je nachdem, wie viel Zeit dir gerade zur Verfügung steht.

- Im letzten Schritt lässt du den Atem frei strömen und erlaubst es deinem Körper, sich noch etwas mehr zu entspannen. Stirn und Augen, Schultern, Bauch und Hände sind Bereiche, die wir besonders oft unbewusst anspannen. Vielleicht gelingt es dir, unnötige Anspannungen mehr und mehr loszulassen. Dabei ist es hilfreich, den Atem zu Hilfe zu nehmen und mit jedem Ausatmen »Loslassen« zu denken.

Entspannung ist ein sehr sanfter innerer Prozess, bei dem dein Körper langsam wieder in sein natürliches Gleichgewicht findet. Unterstütze ihn dabei, indem du dir einfach etwas mehr Raum gibst. Aber streng dich bloß nicht an, denn Anstrengung ist der größte Feind der Entspannung.

Das zweite Tor: Das Tor der Sammlung

In Buddhas Lehre bildet die rechte Sammlung die achte und somit letzte Stufe seines Achtfachen Pfades. Die »rechte« oder »vollkommene« Sammlung – auf Pali *samma samadhi* – ist ein Zustand starker Konzentration, der uns in tiefe Versenkungszustände führt. Unter Sammlung versteht man im Buddhismus die Fähigkeit, unseren unruhigen und zerstreuten Geist zu kontrollieren. Die rechte Sammlung ist in erster Linie eine buddhistische Meditationsmethode, die auch als »einspitzige Konzentration« bezeichnet wird. Das Ziel besteht darin, unsere Gedanken zur Ruhe zu bringen und das Anhaften und somit das Leiden zu überwinden.

Hört sich das für dich ein bisschen abgefahren an? Das ist gut möglich. Dabei ist Sammlung an sich ein ganz natürlicher Zustand, wenngleich uns das heute nicht mehr so vorkommen mag. Gesammelt zu sein ist so ziemlich genau das Gegenteil dessen, womit wir heutzutage gern unsere Zeit verbringen: fernsehen, im Internet surfen, viele Dinge gleichzeitig tun (Multitasking), mit dem Smartphone spielen, während wir Freunde treffen, Kuchen essen oder Auto fahren, und so fort.

Die vielen Zerstreuungen unseres Alltags kosten uns nicht nur jede Menge Zeit, sie schwächen auch die wichtigste geistige Fähigkeit, die wir haben, nämlich aufmerksam zu sein. Kinder, die an ADS leiden, Erwachsene, die keine Texte mehr lesen können, die länger als eine SMS sind, ohne gedanklich abzuschweifen … alles inzwischen völlig normal. Was »normal« ist, ist jedoch nicht unbedingt hilfreich, geschweige denn weise.

Wer voll daneben ist, ist nie voll da. Ein zerstreuter Geist hindert dich daran, eine neue Sprache, ein Instrument oder Jonglieren zu lernen. Ebenso daran, deine Ziele zu verwirklichen und beruflich erfolgreich zu sein. Ein Mangel an Konzentrationsfähigkeit macht es aber auch unmöglich, Achtsamkeit zu entwickeln, sich selbst wirklich zu spüren oder sich von negativen Gefühlen und Gedanken zu befreien.

Konzentration und Sammlung sind die effektivsten Wege, um deinen Geist zur Ruhe zu bringen. Und auch wenn es vielleicht paradox klingen mag: Erst wenn du gelernt hast, deinen Geist zu zügeln, kannst du die Zügel irgendwann endgültig loslassen und vollkommen frei werden.

Durch Konzentration sammelst du deine Energie. Verwechsle Konzentration jedoch nicht mit Anstrengung oder Verbissenheit. Die Art von Konzentration, die wir brauchen, um in Kontakt mit unserem Herzen zu kommen, ist eine entspannte natürliche Konzentration, wie wir sie bei Kindern beobachten können, die ein Bild malen. Oder bei einem Aikido-Meister, der einen Gegner abwehrt – vollkommen gesammelt, aber zugleich leicht und geschmeidig.

Seinen Geist ganz entspannt auf eine Sache zu richten ist an sich sehr leicht – das schaffst du zum Beispiel immer, wenn du eine Tasse heißen Kaffee an deine Lippen führst. Schwierig ist es nur, über einen längeren Zeitraum gesammelt zu bleiben. Doch das können wir üben – und es lohnt sich: Gesammelt zu sein hilft dir im Alltag nämlich bei so ziemlich allem, was du tust. Die Fähigkeit, deine Aufmerksamkeit willentlich lenken zu können, macht dich in jeder Hinsicht erfolgreicher – und sie verändert auch grundlegend die Qualität deiner Beziehungen.

Das zweite Tor: Den Geist sammeln

Den Zustand der inneren Sammlung kannst du gut durch eine Meditation stabilisieren, die aus zwei Phasen besteht:

Phase 1: Sitze vollkommen still

Setz dich in eine bequeme, aber aufrechte Meditationshaltung. Schließ die Augen und lenk deine Konzentration darauf, dich absolut nicht zu bewegen. Indem du deinen Körper ganz stillhältst, wird auch dein Geist immer stiller. Das ist wie mit dem oft zitierten Glas Wasser, in das wir einen Esslöffel Sand einrühren: Der Sand setzt sich ganz von selbst am Boden ab – einfach dadurch, dass wir absolut ganz und gar nichts tun. »Ruhiges Verweilen« wird diese Art der Meditation in Tibet genannt.

Vollkommen reglos zu sitzen heißt aber nicht, zur Salzsäule zu erstarren. Wie gesagt geht es darum, auf eine entspannte, lockere Art konzentriert zu sein. Halte den Körper also einerseits so ruhig wie möglich, aber achte andererseits darauf, die Muskeln zu entspannen (erinnere dich an das eben besprochene erste Tor). Lass den Atem währenddessen frei fließen ... Womit wir schon bei der nächsten Phase wären ...

Phase 2: Fokussiere dich auf deinen Atem

Das Beobachten des Atems oder die Atemachtsamkeit ist keine Atemübung. Es geht also nicht wie beispielsweise bei Yoga-Atemtechniken darum, besonders tief, besonders langsam oder möglichst gleichmäßig zu atmen. Und genau hier liegt die Schwierigkeit: Den Dingen ihren Lauf zu lassen fällt uns meist viel schwerer als Einfluss zu nehmen. Obwohl es viel leichter ist, ist es schwerer – ein ziemlich verrücktes Phänomen.

Die Kunst der Atembeobachtung, die die Grundlage

vieler buddhistischer Meditationen ist, besteht darin, vollkommen loszulassen und dabei doch vollkommen wach und achtsam zu bleiben. Manchmal dauert es eine Weile, bis wir das richtige Gefühl dafür haben, aber das macht nichts.

Die Technik an sich ist sehr einfach. Während du aufrecht, entspannt und mit geschlossenen Augen dasitzt, richtest du deine Achtsamkeit auf den Atem. Am besten funktioniert das, indem du die Atembewegung beobachtest – also zuschaust, wie der Atem an deiner Nase ein- und ausströmt. Finde den Punkt, wo du deinen Atemstrom am deutlichsten spüren kannst. Bei manchen ist das an den Nasenflügeln, bei anderen weiter oben in der Nase oder auch etwas oberhalb der Oberlippe ... Wo immer du deinen Atem am besten spürst, bist du goldrichtig.

Buddhas Anweisung zu dieser Art der Meditation gibt vor, dass du dir sagst: »Einatmend weiß ich, dass ich einatme ... Ausatmend weiß ich, dass ich ausatme.« Du kannst deinen Atemstrom entweder mit diesen Worten begleiten oder dich nur auf die reine Wahrnehmung beschränken.

Die Sammlung im Atem funktioniert deshalb so gut, weil dein Atem dabei mit der Zeit immer mehr zur Ruhe kommt. Kommt aber der Atem zur Ruhe, so kommt auch der Geist allmählich zur Ruhe.

Bleib einige Minuten lang bei der entspannten Beobachtung des Atems. Wann immer deine Gedanken abschweifen, Gefühle, Körperempfindungen oder Geräusche auftreten, kannst du das einfach registrieren, ohne dich davon gefangen nehmen zu lassen. Kehr immer wieder zur Übung zurück: Lenk die Achtsamkeit sanft auf den Atemstrom. Mach deinen Atem für die Zeit der Meditation zum Wichtigsten in deinem Leben ...

Das dritte Tor: Das Tor der Liebe

Das dritte Tor, das ins Hier und Jetzt führt, ist die Meditation über die Herzensgüte. Wir können diese Art der Meditation als eigenständige Übung betrachten oder sie auf die beiden vorhergehenden aufbauen. Mit anderen Worten: Du entspannst deinen Körper und gehst so durch das erste Tor, dann gehst du durch das zweite Tor, indem du deinen Geist durch die Atembeobachtung sammelst, und schließlich öffnest du als Abschluss deiner Meditation das dritte Tor und nimmst die Verbindung zu deinem Herzen auf.

Das dritte Tor: Sich mit seinem Herzen verbinden

Von den unterschiedlichen Varianten dieser Meditation wollen wir dir diejenige vorstellen, die wir für besonders tiefgreifend und wirkungsvoll halten und die so oder ähnlich auch Bestandteil vieler achtsamkeitsbasierter Methoden ist:

- Während du mit geschlossenen Augen aufrecht und entspannt sitzt, kannst du die Handflächen sanft auf die Mitte deiner Brust legen. Spür zunächst deinen ganzen Körper und entspann alle Bereiche, in denen du noch Anspannungen spürst. Lass deinen Atem einfach ganz natürlich kommen und gehen. Nimm dir dafür etwas Zeit.

- Richte deinen Fokus nun auf deine Handflächen. Spüre, wie die Hände die Brust berühren. Schick dir selbst freundliche Aufmerksamkeit. Du kannst dabei einen Satz denken, wie zum Beispiel: »Möge ich friedvoll und geborgen sein.«
- Nimm nun deine Vorstellungskraft zu Hilfe, um ein Gefühl der Wärme und Zuneigung in deinem Herzen zu wecken. Du kannst an einen Menschen denken, der dir besonders lieb ist – vielleicht ein Kind, eine Freundin oder deinen Partner. Du kannst auch einen Hund oder eine Katze als »Anzünder« des Feuers im Herzen visualisieren. Oder aber eine Erinnerung an einen Ort oder Augenblick in deinem Leben, wo du dich vollkommen wohl und geborgen gefühlt hast.
- Lass den Kontakt zu deinem spirituellen Herzen immer intensiver werden. Wenn es dir hilft, kannst du auch ein goldenes oder helles Licht visualisieren, das in der Mitte deiner Brust strahlt. Und dann kannst du visualisieren, wie diese kleine Sonne allmählich größer und heller wird, wie sie in deinen ganzen Körper und schließlich in den ganzen Raum hineinstrahlt.
- Beende die Meditation mit der klassischen Metta-Meditation. Sprich innerlich sanft folgenden Satz: »Mögen alle Wesen glücklich und geborgen sein.« Du kannst das mit deinem Atem verbinden – beim

Einatmen denkst du: »Mögen alle Wesen …« und beim Ausatmen »… glücklich und geborgen sein.«

- Lass dein Mitgefühl in die ganze Welt strahlen – aber streng dich dabei nicht an. Wenn du das Mitgefühl empfinden kannst, ist das wunderbar. Wenn nicht, macht das jedoch auch nichts, denn die Meditation wirkt unabhängig von deiner momentanen Empfindung. Was zählt, ist allein die Absicht. Bleib geduldig dabei, den Satz des Mitgefühls immer wieder in deinem Atemrhythmus zu wiederholen. Wenn Gedanken oder andere Ablenkungen auftauchen, dann kehre einfach sanft, aber bestimmt zur Wiederholung der Worte zurück. Entspann dich und lächle.
- Um die Meditation zu beenden, legst du die Hände wieder auf die Oberschenkel und atmest dreimal tief durch, bevor du die Augen öffnest.

Der neugierige Sohn

Auf dem breiten Fluss fuhr ein Boot einer großen alten Stadt am Meer entgegen. Zwei der Passagiere waren ein Mann und sein Sohn, ein junger Mann, dem gerade der erste Bartflaum spross. Unentwegt fragte er seinen Vater nach ganz alltäglichen Dingen.

»Was ist das?«

»Ein Baum«, antwortete der Vater.

»Und dies?«

»Das ist eine Kuh.«

»Oh, und was ist das denn, da oben?«
»Das ist eine Wolke.«
»Und das kleine darunter?«
»Das ist ein Vogel.«
So ging das in einem fort, bis schließlich ein anderer Passagier dem Vater ins Ohr flüsterte: »Ich bewundere Eure Geduld. Aber wollt Ihr nicht vielleicht Hilfe im Tempel suchen? Dort lebt ein großer Arzt und Meister, der in solchen Fällen manchmal helfen kann.«
Der Vater lächelte. »Ja, das kann er. Wir kommen gerade vom Tempel und mein ehemals blinder Sohn kann heute zum ersten Mal die Dinge sehen.«

Die Brahmaviharas: vier Farben der Liebe

Die Liebe, um die es in diesem Buch geht, ist nicht die Liebe des eifersüchtigen Liebhabers. Es ist weder die Liebe des Soldaten zu seinem Vaterland noch das Sehnen und Sichverzehren des Teenagers. Ja, noch nicht einmal die Liebe, die Eltern für ihre Kinder oder Kinder für ihre Meerschweinchen empfinden. Die spirituelle Liebe, die frei von egoistischen Hintergedanken ist, entspricht vielmehr dem, was wir normalerweise mit »Güte« oder »Mitgefühl« umschreiben.

Der Buddhismus hat sich intensiv mit der Kultivierung der spirituellen Liebe beschäftigt, und hierbei spielt der Begriff der »Brahmaviharas« eine große Rolle. Ebenso wie viele andere Bereiche der buddhistischen Philosophie bietet uns auch das Wissen um die Brahmaviharas ein Werkzeug zur Erweiterung unseres Bewusstseins und zur Befreiung unseres Geistes. Die Beschäftigung mit diesen vier Zuständen hat sehr konkrete Auswirkungen auf unsere Entwicklung – zum Beispiel die, dass sie es uns ermöglicht, im täglichen Leben verschiedene Formen der Liebe erkennen und erleben zu können.

Der buddhistische Begriff Brahmavihara kann am besten mit »die vier himmlischen Verweilzustände«, »die vier unermesslichen Geisteshaltungen« oder auch »die Wohnstätte des Schöpfergottes Brahma« übersetzt werden. Diese vier Zustände bilden die Basis für verschiedene Meditationsmethoden innerhalb des Theravada- und Mahayana-Buddhismus. Letztlich zielen sie alle jedoch einfach nur darauf ab, anderen Wesen gegenüber eine Geisteshaltung der Güte zu entwickeln. Die vier Brahmaviharas sind (und wir haben die englischen Bezeichnungen hinzugefügt, da sie teilweise klarer zum Ausdruck bringen, was gemeint ist):

- Metta – Liebende Güte (Loving Kindness)
- Karuna – Mitgefühl (Compassion)
- Mudita – Mitfreude (Sympathetic Joy)
- Upekkha – Gleichmut (Equanimity)

Metta – Liebende Güte

Metta wird meist mit »Güte«, »liebende Güte« oder »liebevolle Freundlichkeit« übersetzt. Metta ist eine mitfühlende, weise Form der bedingungslosen Liebe, die frei von allen egoistischen Tendenzen ist und auf das Glück anderer abzielt. Eine wohlwollende, wertschätzende und zuvorkommende Haltung anderen, aber auch sich selbst gegenüber bildet die Grundlage von Metta.

Durch Metta befreien wir uns von Hass, Feindschaft und Begehren und bringen allen Wesen Anerkennung, Respekt und Freundlichkeit entgegen. Wir fokussieren uns auf das Gute in anderen, befreien uns von Abneigung, Antipathie und dem Wunsch, andere zu verletzen. Wir lassen unsere Vorurteile los und nehmen eine Haltung der Verbundenheit und Zuneigung ein. Die heilsamen Wirkungen der Metta-Praxis auf die Meditierenden konnten in zahlreichen Studien nachgewiesen werden.

Karuna – Mitgefühl

Karuna bedeutet, dass wir unser Herz für das Leiden und den Schmerz anderer Wesen öffnen. Zugleich verspüren wir im Zustand des Mitgefühls den Wunsch, das Leiden zu lindern. Wenngleich Karuna also auch unsere Fähigkeit, die Schmerzen und Schwierigkeiten anderer nachzuempfinden und mitzuerleben, meint, wäre es doch falsch, Karuna mit »Mitleid« zu übersetzen, wie es immer noch oft der Fall ist.

Im Gegensatz zu Mitleid hat Karuna nichts mit aktivem Mit-Leiden zu tun. Zudem ist Mitgefühl nie distanziert oder herablassend und trennt auch nicht zwischen Objekt und Subjekt, zwischen Opfer und Wohltäter – was auch nicht der buddhistischen Lehre der Nicht-Dualität entspräche.

Wenn wir über Karuna meditieren, öffnen wir uns für die Tatsache, dass Leben auch viele leidhafte Aspekte wie Trauer, Verlust, Angst oder Einsamkeit hat. Zugleich ist tiefes Mitgefühl aber auch ein Zustand, in dem wir das Leben in all seinen Facetten annehmen und respektieren. Karuna öffnet unsere Augen für das, was ist – und dazu gehören eben auch alle Schwierigkeiten und Hindernisse auf unserem Weg zum Glück, mit denen wir alle zu kämpfen haben. Wir lassen uns empathisch auf unser Leiden und das anderer Wesen ein – und wenngleich wir unser Herz weit geöffnet halten, verlieren wir doch nicht unsere Mitte und bleiben in Verbindung zu unserer innersten Quelle.

Mudita – Mitfreude

Mudita ist eine Form der selbstlosen Liebe, die wir vor allem mitten im Alltag kultivieren können. Mitfreude heißt, dass wir unsere Achtsamkeit auf die Wahrnehmung von Freude und Erfolg richten, die andere genießen. Die Fähigkeit, sich an fremdem Glück zu erfreuen, ist ganz und gar nicht selbstverständlich. Das Wort »Mitfreude« klingt etwas komisch, da es in unserem Kulturkreis quasi nicht existiert. Für das Gegenteil kennen wir hingegen gleich mehrere Begriffe: Neid, Schadenfreude, Mitleid.

Wer neidisch ist, gönnt anderen weder Erfolg noch Glück. Wer sein Herz hingegen für die Energie der Mitfreude öffnet, freut sich darüber, wenn andere positive

Erfahrungen machen, Erfolg haben oder schöne Momente erleben. Während Neid aus Angst erwächst und unseren Geist vergiftet, schenkt Mitfreude anderen, aber auch uns selbst Wärme und Wohlwollen.

Es fällt uns leicht, uns am Glück anderer zu erfreuen, wenn es sich dabei um unsere Freunde, unsere Kinder oder andere geliebte Menschen handelt. Geht es jedoch um Fremde oder gar um Menschen, die uns unsympathisch sind, fällt uns die Mitfreude schon wesentlich schwerer. Und genau hier liegt die eigentliche Aufgabe: Unser Herz für unsere Liebsten zu öffnen ist ein Kinderspiel (für sie ist es ohnehin schon offen), sich jedoch mit jedem Menschen mitzufreuen, kann ein hartes Stück spiritueller Arbeit sein. Und doch lohnt es sich, Mitfreude zu entwickeln, denn je leichter es uns fällt, uns mit anderen zu freuen und zu lächeln, wenn ihnen schöne Dinge widerfahren, desto mehr Zufriedenheit und Frieden werden wir auch selbst spüren.

Upekkha – Gleichmut

Ebenso wie Mitgefühl oft mit Mitleid verwechselt wird, wird Gleichmut gern mit Gleichgültigkeit verwechselt. Bis auf das »Gleich…« am Anfang haben beide jedoch nicht das Geringste miteinander zu tun. Im Gegensatz zur Gleichgültigkeit ist der Gleichmut ein positiver, achtsamer und aktiver Zustand der Gelassenheit, der nicht leicht zu erreichen ist.

Dem Gleichgültigen ist alles egal – er interessiert sich weder für die Welt noch für seine Mitmenschen, ja nicht einmal für sich selbst. Wer Gleichmut bewahrt, ruht hingegen unerschütterlich in seiner Mitte. Seine Gemütsruhe, die auch in stürmischen Zeiten nicht ins Wanken gerät, verdankt er der tiefen Einsicht in das Gesetz der Vergänglichkeit: Alles, was erscheint, wird irgendwann vergehen. Gedanken und Gefühle kommen und gehen. Alle Probleme, Situationen oder Menschen – sie tauchen auf und kreuzen unseren Weg, um schließlich irgendwann wieder aus unserem Blickfeld zu verschwinden. Alles ist in ständigem Fluss. Unser jetziges Leben wird nicht für ewig bestehen, und unser Planet wird früher oder später ebenfalls untergehen (und wenn wir so weitermachen, wird das eher früher passieren …). Wozu also festhalten? Woran sollten wir uns da noch klammern?

Gleichmut bewahrt uns davor, Achterbahn zu fahren. Statt abwechselnd himmelhoch jauchzend und zu Tode betrübt zu sein, wahren wir die rechte Mitte und ruhen im Sein. Wir lassen uns nicht länger vom weltlichen Geschehen aus der Bahn werfen, sondern bewahren Klarheit in unserem Geist und Frieden in unserem Herzen. Upekkha ist ein Zustand achtsamer Gelassenheit, in dem wir unser Mitgefühl frei von persönlichen Vorlieben und Wertungen in die Welt strahlen lassen können. Es ist ein Zustand, den wir nur erreichen, wenn wir bereit sind, unsere Erwartungen – zum Beispiel auch an andere Menschen – vollkommen loszulassen, unseren Fokus auf die Unbeständigkeit des Daseins zu richten und trotz aller Hindernisse innere Ruhe zu bewahren.

Die vier Brahmaviharas wirken heilend und sind eine starke Medizin gegen die Geistesgifte. Durch Liebende Güte wird Hass geheilt. Durch Mitgefühl können wir Grausamkeit und Zorn überwinden. Mitfreude wirkt Egoismus und Neid entgegen. Und Gleichmut bewahrt uns davor, uns in falsche Vorstellungen darüber zu verstricken, was wesentlich und was unwesentlich ist.

Der Sternensammler

In einer fernen Zeit, ob nun in der Vergangenheit oder der Zukunft, das weiß man nicht mehr, lebte ein Mann, den viele für einen Narren und manche für einen Weisen hielten. Man nannte ihn »Sternensammler«, denn er sammelte Sterne. Erst die Namen aller Sterne am Himmel, die er sehen konnte, dann die, die er nicht sehen konnte, weil sie zu fern waren. Er sammelte Geschichten über Sterne, Bilder von Sternen, Gedichte über Sterne. Alle Sterne, die er sammelte, ließ er, wo sie waren – er sammelte sie in seinen Gedanken und Gefühlen.

Warum er das tat? Das wusste niemand, nicht einmal er selbst. Fragte man ihn, so zuckte er nur mit den Schultern und sagte: »Alle Sterne sind doch nur Teil eines Sterns, sie sind alle eins. Ich weiß nicht genau, warum ich Sterne sammle – vielleicht wäre ich selbst gern ein Stern und will mich mit dem Großen Stern verbinden.« Und dabei lachten einige, weil sie ihn für

einen Narren hielten, während andere ganz still wurden und meinten, ein Meister hätte ihnen eine Weisheit verkündet, die sie nur nicht ganz verstanden.
Eines Nachts, nachdem der Sternensammler eingeschlafen war, erschien ihm im Traum die Königin aller Sterne, der Große Stern, von dem er so oft tagsüber geträumt hatte. Sie sprach mit sternenfunkelnder Stimme: »Sternensammler, man nennt dich Narr und man nennt dich Weiser – und das, weil du ein Narr und ein Weiser bist.« Der Sternensammler schwieg und verbeugte sich tief. Die Sternenkönigin lachte. »Du suchst die Verbindung aller Sterne, nicht wahr?« Der Sternensammler nickte. »Aber weißt du denn immer noch nicht, dass du selbst auch ein Stern bist?«
Der Sternensammler hob erstaunt die Augenbrauen. »Nein, das wusste ich nicht.«
»Und doch ist es so. Dein Leib ist aus Sternenstaub geschaffen, du lebst vom Licht und wirst dereinst wieder zum leuchtenden Stern. Deine Aufgabe ist, dass du das Licht weiterträgst – das Licht der Liebe und der Güte. Denn dieses Licht breitet sich noch schneller aus als das Licht, das du siehst!«

Du bist nie allein – Das Wunder der Verbundenheit

Alles ist eins. Alles ist mit allem verbunden. Du bist ich, und ich bin wir.

Ehrlich? Hmmm… Das Gefühl, allein zu sein oder sich fremd zu fühlen, kennt aber doch jeder von uns. »Ich bin ich, und du bist du!« – ist es nicht viel mehr das, was wir fühlen? Irgendetwas stimmt da wohl nicht.

Aus buddhistischer Sicht ist das Gefühl der Isolation die Folge unserer Identifikation – das Problem sind also nicht die Dinge an sich, sondern vielmehr die Art und Weise, wie wir uns selbst sehen und wie wir die Welt interpretieren. Die Brille deiner Meinungen und Vorstellungen, die du nicht auf deiner Nase, sondern in deinem Herzen trägst, entscheidet darüber, ob du dich mit anderen verbunden fühlst oder nicht. Wenn du dich stark mit deiner Familie identifizierst, dann wirst du vielleicht allen Menschen, die nicht zu deiner Familie gehören, mit Distanz begegnen. Identifizierst du dich mit deiner Nationalität, ist dein »Verbundenheitsnetz« zwar schon deutlich größer – aber immer noch gibt es sehr viel mehr Menschen außerhalb als innerhalb dieses Netzes.

Nur wer seine wie auch immer gefärbte Brille absetzen kann, wird erkennen, dass kein Phänomen von anderen Phänomenen getrennt ist, sondern dass alles, was existiert, aufeinander bezogen ist. *Pratitya-Samutpada* – so nennt man das Konzept des bedingten Entstehens im Buddhismus, das sich in vielen Bereichen mit den Erkenntnissen der Biologie und der modernen Physik deckt.

In der buddhistischen Mythologie werden gern Geschichten über den Götterkönig Indra erzählt. Eine besondere Bedeutung nimmt dabei das Bild von »Indras Netz« ein, das die buddhistische Sicht auf die Struktur der Wirklichkeit gut wiedergibt. An jedem Kreuzungspunkt von Indras Netz sind strahlende Juwelen eingewoben, von denen jeder einzelne alle anderen widerspiegelt. Jeder Edelstein enthält also das gesamte Netz. In dieser Metapher repräsentiert jedes Juwel ein individuelles Wesen, eine Zelle oder ein Atom, das eng mit allen anderen Wesen, Zellen beziehungsweise Atomen im Universum verbunden ist. Jede Veränderung in einem Juwel beeinflusst auch alle anderen.

Um zu verstehen, dass wir ebenso wie alle anderen Wesen in ein komplexes Netz von Beziehungen eingewoben sind, müssen wir nicht Physik studieren. Wir wissen auch so, dass unser Körper nur sehr kurze Zeit ohne die Luft leben kann, die alle Wesen atmen. Wir brauchen Sonne, Wasser und Nahrung, die zu einem Teil unseres Organismus werden. Gemeinsam mit uns existieren Milliarden von Menschen, Tieren, Pflanzen und

Kleinstlebewesen – letztlich sind wir sogar mit jedem Bakterium verwandt. Genetische Informationen mussten über unvorstellbar lange Zeiträume weitergegeben werden, damit wir überhaupt geboren werden konnten. Und selbst »unsere« Gedanken sind nur Teil des großen Bewusstseinsstroms der Menschheit: Was für Gedanken und Gefühle wir auch immer als »mein« ansehen mögen – sie hängen eng mit den Gedanken und Gefühlen anderer Menschen zusammen und wurden in sehr ähnlicher Form von anderen auch schon gedacht und gefühlt.

Die Schwierigkeit liegt nun nicht so sehr darin, das alles zu verstehen, als vielmehr darin, es auch zu empfinden. Erst wenn wir das Einssein mit der Welt und dem Universum in unserem Herzen spüren können, werden daraus Güte, Mitgefühl und gegenseitiger Respekt erblühen. Die Frage ist also, was wir tun können, um unsere Verbundenheit mit allen Dingen zu spüren. Und die Antwort: Lass dein Ego los!

Tja – das ist nun leicht gesagt, aber leider sehr schwer umzusetzen, wie jeder weiß, der sich schon seit vielen Jahren in der Meditation und im Loslassen übt. Das Gefühl absoluter Verbundenheit wirst du wohl erst erfahren, wenn du erleuchtet bist. Doch zum Glück gibt es schon jetzt einige Dinge, die du ausprobieren kannst, um dem Geheimnis der Verbundenheit auf die Spur zu kommen.

Achtsam verbunden sein

Auch wenn du die Verbundenheit zu deinen Mitmenschen und zur Natur nicht unbedingt spüren kannst, ist sie doch immer da – und sie kann durch nichts zerstört werden. Um das Gefühl der Zusammengehörigkeit in dir zu wecken, musst du deinen Geist entsprechend ausrichten. Hier drei Möglichkeiten:

1. Den Fokus auf das »Du« lenken

Die Gedanken der meisten Menschen kreisen immerzu um sie selbst. Doch das Gefühl, dass sich unser Leben nur um uns dreht, ist gar nicht so angenehm. Dass du Teil eines viel Größeren bist, erkennst du jedoch nur, wenn du dich öffnest. Lass dein Denken zur Ruhe kommen, und öffne dein Herz, indem du deine Aufmerksamkeit mehr nach außen richtest. Die Illusion, von anderen getrennt zu sein, wird sich schnell auflösen, wenn du ihnen mit liebevoller Achtsamkeit begegnest. Die Bereitschaft, mitfühlender zu sein, wird dich zugleich auch empfänglicher für die Unterstützung und das Wohlwollen deiner Mitmenschen machen. Indem du deinen Fokus auf das »Du« lenkst, reißt du die Mauer der Gleichgültigkeit nieder, die nicht nur Menschen, sondern ganze Völker voneinander trennt.

2. Der Verbundenheit Flügel verleihen

Wo kannst du jetzt schon Verbundenheit spüren? Vielleicht wenn du mit deinem Partner, deinen Kindern, einer guten Freundin oder deiner Katze zusammen bist. Wo immer du Gemeinschaft spüren kannst: Nimm das als Ausgangspunkt. Mach dir das Gefühl bewusst. Wie fühlt sich grenzenlose Verbundenheit an? Wie fühlt es sich an, wenn dein Herz offen ist? Speichere dieses Gefühl in deinem Geist ab – und dann: Lass es so oft wie möglich lebendig werden, wenn du andere Menschen triffst. Vielleicht gelingt dir das anfangs nur bei Freunden und Bekannten, doch mit der Zeit kannst du den Kreis immer größer werden lassen. Wirf »Indras Netz« aus, wo immer du bist.

3. Verbundenheit erkennen

Wenn du die Augen öffnest und dich bewusst umschaust, wirst du überall Verbundenheit erkennen können. Such deine Umgebung oder die Bilder aus den Medien gezielt danach ab – halte zum Beispiel Ausschau nach Eltern, die ihre Kinder unterstützen, Ärzten oder Krankenschwestern, die sich um Kranke kümmern, Menschen, die ihre alten Eltern pflegen, Freundinnen, die füreinander da sind, Menschen, die in Organisationen verbunden sind, um die Natur zu schützen oder Notleidenden zu helfen, Kindern, die ihren Hund liebevoll versorgen, Gärtnerinnen, die sich um ihre Beete kümmern ... Je länger du schaust, desto mehr wird dir auffallen, wie viel Mitgefühl und Hilfsbereitschaft bereits hier und jetzt existieren.

Die lange, lange Antwort

»Alles«, sagte der Meister, »alles ist mit allem verbunden.«

Die meisten Schüler nickten. Vielleicht hatten es ein oder zwei verstanden. Die übrigen meinten, wenn es der Meister sage, müsse es wohl wahr sein. Einer der Schüler jedoch, der sich besonders schlau dünkte und wohl auch tatsächlich kein Dummkopf war, lächelte ein wenig und schüttelte kaum merklich den Kopf. Aber er sagte nichts, denn er meinte, es sei nicht recht, seine Überlegenheit zur Schau zu stellen und dem Meister, den er sehr verehrte, vor allen anderen zu widersprechen. Denn auch wenn er ein wenig eingebildet war, so war er doch ein guter Mensch und Schüler.

Dem Meister waren indes das Lächeln und das Kopfschütteln des Schülers nicht entgangen und so bat er ihn zu bleiben, als die anderen gingen.

»Mein Lieber«, sagte er, »ich sehe, dass du zweifelst.«

Der Schüler wurde ein wenig rot. Doch er wollte seinen Meister nicht belügen. »Ja, Meister, Ihr habt wohl recht. Sicherlich sind viele Dinge verbunden. Tag und Nacht sind durch den Lauf der Sonne verbunden, mein Pinsel ist durch meine Hand mit meinen Gedanken verbunden. Doch alles mit allem? Wie ist denn beispielsweise mein Pinsel mit dem Mond verbunden? Sicherlich habt Ihr nur bildlich gesprochen, um uns Schülern die Bedeutung der Verbundenheit zu verdeutlichen.«

Der Meister lächelte und legte dem Schüler die Hand auf den Arm. »Mein Lieber, du kennst die Antwort.«
Heftig schüttelte der Schüler den Kopf. Der Meister verstand ihn wohl nicht. Etwas trotzig sagte er: »Verehrter Meister, die anderen glauben, was immer Ihr auch sagt. Ich aber kann nicht anders: Ich bin ein Zweifler. Ihr sprecht geheimnisvoll und die Schüler glauben, dass hinter dem Geheimnis eine große Weisheit steckt.«
Der Meister nickte und lächelte. »Sprich weiter!«
»Nun, ich weiß es einfach nicht, ob eine tiefe Wahrheit oder Weisheit hinter Euren geheimnisvollen Worten steckt. Vielleicht ist es so, vielleicht nicht. Sehr wohl aber weiß ich, dass ich die Antwort nicht kenne. Ich bitte Euch nur: Sprecht klarer, sodass ich es verstehen kann, ohne verwirrende, geheimnisvolle Worte.«
Wieder wurde er ein wenig rot und fragte sich, ob er zu weit gegangen sei. Der Meister lächelte jedoch unvermindert.
»Sieh, mein Lieber«, sagte er ruhig, »da ist kein Geheimnis. Es ist sehr schön zu sehen, dass du wirklich wissen willst und dass du zweifelst. Als ich sagte, dass du die Antwort auf die Frage kennst, ob dein Pinsel mit dem Mond, ob alles mit allem verbunden ist, habe ich nur die Wahrheit gesagt.«
Der Schüler schüttelte heftig den Kopf und wollte schon zu einer Widerrede ansetzen, da hob der Meister die Hand und der Schüler schwieg.
»Dass du die Antwort kennst, heißt nicht, dass sie dir bewusst ist. Wenn du sie in dir finden willst, kann ich

dir zeigen, was du zu tun hast. Doch ich warne dich: Es erfordert viel, sehr viel Geduld.«

»Meister, Ihr wisst, dass ich keine Mühe scheue!«

»Ja, das weiß ich und das fürchte ich. Denn dann wirst du wohl keine Zeit mehr haben, zu mir zu kommen.«

Der Schüler fürchtete schon, dass ihn der Meister nun wegen seiner Unverschämtheit verstoßen würde. Doch in den Augen des Meisters war nur liebevolles Verstehen.

»Nun gut«, fuhr der Meister fort und seufzte. »Du hast von deinem Pinsel gesprochen. Finde heraus, womit dieser Pinsel verbunden ist. Wenn du damit fertig bist, komm wieder.« Und er lachte, dass ihm die Tränen aus den Augen liefen.

Der Schüler wusste nicht recht, ob ihn der Meister nun verspottete oder ob es ihm ernst mit der Aufgabe war. Doch er verehrte den Meister sehr und wollte diese kleine Aufgabe schnell erledigen – er war doch zu neugierig, was der Meister dann sagen würde. So verneigte er sich und zog sich zurück.

Er begann nachzusinnen, womit dieser Pinsel verbunden sei. Allzu viel konnte das ja nicht sein.

Der Pinsel bestand aus … Ja, aus was eigentlich? Er eilte zum Meister Pinselmacher. Nachdenklich kam er zurück. Der Pinsel bestand aus einem Kern aus Wieselhaaren, die von den festeren Ziegenhaaren umhüllt waren, damit die Spitze ihre Form behielt. Der Griff bestand aus Bambus und eine Metallzwinge hielt die Haare und den Griff zusammen. Doch wie kamen nun die Haare, der Bambus und das Metall zum Pinselmacher? Der Bambus wurde mit einem Messer geschnitten. Das Messer aber musste erst einmal geschmiedet werden. Dafür musste Metall aus Erz gewonnen werden und auch dafür waren Werkzeuge nötig. Wer waren die Menschen, die das Metall für das Messer gewonnen hatten? Wer hatte das Messer geschmiedet? Wie hatte er das gelernt? Wo hatte Meister Pinselmacher seine Kunst gelernt, und wie hatten seine Lehrer von dieser Kunst erfahren? Wer hatte die Wiesel- und Ziegenhaare geliefert?

Der Geist des Schülers weitete sich, und mit jedem Schritt öffneten sich neue Verbindungen. Nach einer Stunde ahnte er, was der Meister gemeint hatte. Nach einem Tag wusste er es. Und nach drei Tagen fühlte er es, obwohl er kaum begonnen hatte, alle Verbindungen zu erforschen.

Doch der Meister hatte gesagt, er solle wiederkommen, wenn er fertig sei. Nun wusste er, dass er entweder ungehorsam sein müsse oder aber nie wieder vor seinen Meister treten würde.

Er lachte – und es klang wie das Lachen des Meisters.

Die Ökologie des Mitgefühls

Die Sehnsucht nach mehr Mitgefühl und Verbundenheit hat nichts mit Romantik, Weltflucht oder Luftschlossarchitektur zu tun. Im Gegenteil: Es ist eine Frage unseres

Überlebens, ob wir bereit sind, mehr Verbundenheit zum Ausdruck zu bringen, oder ob wir stattdessen lieber auf unserer einsamen Insel sitzen bleiben, die allerdings bekanntlich längst nicht mehr die Insel der Glückseligen ist – und es wohl auch nie war. Unser Herz zu öffnen ist kein Freizeitvergnügen, und es geht dabei auch nicht nur darum, selbst glücklicher zu werden. Vielmehr muss die Entwicklung von Güte und Mitgefühl damit einhergehen, dass wir uns unserer Verantwortung für uns selbst und unsere gesamte Mitwelt bewusst werden. Und hier gibt es viel zu tun.

Die Auswirkungen einer an Egoismus, Konkurrenzdenken und Profit um jeden Preis orientierten Wirtschaft und Politik sind nicht mehr zu übersehen. Und sie sind nicht schön. Wir verdanken sie dem Glauben, dass der Weg zum Glück über immer mehr materielle Güter, die in möglichst kurzer Zeit auf vielfältige Weise konsumiert werden, führt. Wir sind noch nicht glücklich? Dann müssen die Profite steigen, vielleicht sogar die Löhne. Zu diesem Glauben gehört auch, dass das Leben ein Kampf ist und nur die Stärksten überleben. Die Welt ist eine Arena: mit uns als Gladiatoren, anderen als Raubtieren und ein paar Kaisern als Zuschauer des Spektakels.

Aber ist das so? Stimmt es denn, dass wir in unserem Wesen auf Konkurrenz und Wettbewerb ausgerichtet sind? Oder fühlen wir uns mit dem neoliberalen Mantra nicht eher ziemlich unwohl, wonach es im Leben nur um Gewinnmaximierung geht – darum, andere zu besiegen und materiellen Wohlstand um jeden Preis zu erlangen?

Der *homo oeconomicus*, der Mensch also, der nur noch ökonomische Ziele kennt und nach größtmöglichem Nutzen strebt, hat schon viel zu viel Schaden angerichtet: Die Ressourcen der Natur gehen zur Neige. Die Umweltprobleme sind kaum noch zu überschauen. Das Klima spielt verrückt. Suizide, Depressionen und Angststörungen nehmen zu, ebenso die Abhängigkeit von Drogen und Medikamenten. Der gesellschaftliche Zusammenhalt bröckelt – es gibt viel zu viel »Ich« und viel zu wenig »Wir« auf der Welt. Die ständige Frage nach dem Nutzen versperrt uns außerdem den Blick auf den Sinn.

Und da stehen wir nun also, nur noch ein kleines Schrittchen vom Abgrund entfernt … Aber wie das ja oft so ist, wenn alle Stricke zu reißen drohen, erkennen wir plötzlich, dass es auch anders ginge. Und so besinnen sich heute immer mehr Menschen weltweit wieder auf Werte, die es wert sind, Werte genannt zu werden.

In der Biologie wird Darwins Evolutionslehre heute neu interpretiert: *Survival of the fittest* hat im Sinne der Darwin'schen Lehre allerdings sowieso nie bedeutet, dass nur die Individuen mit den spitzesten Ellbogen überleben werden, sondern vielmehr jene, die am besten an das Leben angepasst sind. Und wenn wir genauer hinschauen, erkennen wir, dass es vor allem so menschlichen Eigenschaften wie Hilfsbereitschaft, Mitgefühl und Gemeinschaftssinn zu verdanken ist, dass wir überleben konnten. Dacher Keltner, ein US-amerikanischer Psychologieprofessor, hat den Begriff *survival of the kindest*, das »Überleben des Freundlichsten«, geprägt und gezeigt, dass Kooperation, Altruismus und gegenseitige Fürsorge das Fortbestehen der menschlichen Spezies über viele Jahrtausende gesichert haben.

Leben ist eine kollektive Angelegenheit. Überleben auch. Wenn wir uns der globalen Herausforderungen bewusst werden, vor denen wir alle stehen, verstehen wir, was der Dalai Lama gemeint haben dürfte, als er sagte, dass Mitgefühl eine sehr vernünftige Form von Egoismus ist.

Mehr als diesen einen Planeten haben wir nicht. Wir alle sind für ihn verantwortlich und es bleibt keine Zeit, mit der Zukunft unserer Kinder russisches Roulette zu spielen. Nicht Trennung, sondern Verbundenheit wird uns helfen, Lösungen für die vielen Probleme zu finden, mit denen wir konfrontiert sind. Nicht Spaltung, sondern Gemeinschaft ist der Weg, der aus der Sackgasse führen wird.

Reflexion: Und jetzt?

Die Welt ist ein lebendiger Organismus, in dem jeder Teil mit jedem anderen verbunden ist – wie es ja auch im beschriebenen mythischen Bild von Indras Netz zum Ausdruck kommt. Wir können jederzeit damit beginnen, engagierter zu leben, beispielsweise indem wir

- uns der menschlichen Familie bewusst werden und uns selbst als einen Teil dieser Familie zu sehen beginnen,

- nachhaltiger wirtschaften, Gemeingüter intelligent nutzen und durch unsere Lebens- und Ernährungsgewohnheiten dazu beitragen, sanfter mit der Natur umzugehen,
- uns mit jedem Atemzug bewusst mit der Welt verbinden, in der wir leben,
- herausfinden, was uns im Leben wirklich wichtig ist und worauf wir eigentlich auch ganz gut verzichten können,
- darüber nachdenken, was jetzt nötig wäre, um Leiden zu lindern,
- mit dem Herzen erkennen, dass wir nicht nur mit anderen Menschen, sondern auch mit Tieren und Pflanzen verbunden sind und dass unser (Über-)Leben von ihrem abhängt,
- zuhören, wie die Bäume sprechen (Das tun sie sogar ganz konkret: Bäume kommunizieren über ihre Wurzeln und riesige Pilznetzwerke, die ganze Wälder miteinander vernetzen. Und da es diese Netzwerke weltweit gibt, sprechen Biologen auch vom »Wood Wide Web«),
- liebevolle Achtsamkeit praktizieren und entsprechende Meditationen in unsere Tagesroutine einbauen,
- Menschen, die kein Empfinden für die lebendige Erde haben, nicht mit Fanatismus und Belehrung, sondern mit Mitgefühl und als Vorbild gegenübertreten.

Das Lied des Wals

In den Tiefen des großen, blauen Ozeans lebte der Clan der Wale unzählige Jahrtausende, und seit unzähligen Jahrtausenden sangen sie ihre Lieder. Lieder von der Weite, Lieder von der Liebe und Lieder von den Sternen. Sang einer, lauschten alle; manche stimmten in das Lied ein oder antworteten mit einem neuen Lied. Wo immer sie auch waren, alle hörten die Lieder, denn ihre Stimmen durchquerten das Weltmeer, alle Mitglieder des großen Wal-Clans waren durch das Wasser verbunden. So weit sie auch voneinander entfernt waren, waren sie doch einander nah.

Aber dann veränderte sich die Welt. Kleine Wesen, die von den Bergen kamen, die über das Wasser ragten, begannen auf kleinen und großen Holzinseln auf der Oberfläche des Meeres umherzufahren. Die Wale sahen belustigt und erstaunt zu und beobachteten diese kleinen mutigen Wesen voller Neugier. Manchmal warf ein Sturm die Holzinseln um und die kleinen Wesen darauf starben, da sie nicht gelernt hatten, ihren Atem für lange Zeit zu bewahren. Mitunter konnten die Wale, insbesondere ihre kleinen Brüder vom Delfin-Clan, die kleinen Wesen retten und zu den Bergen zurückbringen.

Es wurden ihrer jedoch immer mehr. Und dann begannen die Winzlinge, die kaum schwimmen konnten, die Wale zu töten. Erst wenige, dann immer mehr und mehr – Tausende, Hunderttausende – und

der Wal-Clan wurde immer kleiner. Auch die Ältesten konnten es nicht verstehen. In jeder Familie gab es Verluste, und die Lieder kündeten nun meist von der Trauer oder von der alten Zeit.
Einst lebten Millionen Mitglieder des Wal-Clans im großen Ozean; doch nach hundert Sonnenzyklen waren nur noch wenige übrig.
Ceton der Weise, der älteste aller Wale, war auf seiner letzten Reise, und wie es Brauch war, würde er zum Abschied das Lied der Prophezeiung singen. Doch zum ersten Mal in der Geschichte der Wale wurde die Prophezeiung nicht vom ganzen Clan gehört. Durch den Ozean drang ein schreckliches Dröhnen, denn die kleinen Wesen hatten mittlerweile gewaltige künstliche Inseln geschaffen, die mit großer Geschwindigkeit den Ozean durchpflügten und die lauter waren als das lauteste Lied der Wale. So endete die weltumspannende Verbindung der Wale, und die Prophezeiung Cetons blieb ungehört.
Die Menschen aber fuhren weiterhin ahnungslos in ihren Schiffen über die Oberfläche der Meere.

Alles ist eins

Zu behaupten, dass alles eins ist, klingt ganz schön verrückt; oder zumindest ganz schön esoterisch, was ja oftmals das Gleiche ist. Es entspricht einfach nicht unserer Wahrnehmung. »Ich bin hier, du bist da. … Hier steh ich, und das da drüben ist ein Baum.« So sehen und verstehen wir die Welt, seit wir im Alter von ungefähr drei Monaten begonnen haben, unseren Körper als etwas Eigenes zu empfinden, und im Alter von drei bis vier Jahren, »Ich« und »mein« zu sagen. Aber wie war das wohl davor?

Schwer zu sagen, was im Bewusstsein eines Säuglings, der gerade frisch aus dem Himmel gefallen ist, so vor sich geht. Was jedoch Yoga- und Meditationsmeister in kosmischen Versenkungszuständen schon vor Jahrtausenden erlebt haben, das wissen wir dafür recht gut: nämlich den Zustand der Nicht-Dualität, den höchsten Zustand des Eins-Seins, der im Sanskrit als *advaita* bezeichnet wird.

Die Erkenntnis, dass es nur eine letzte Wirklichkeit gibt, gründet nicht in einer Philosophie oder Theorie, sondern ist die Folge einer konkreten inneren Erfahrung. Was Yogis, Meditierende und Mystiker verschiedener Religionen immer wieder beschreiben, entspricht auch den Erkenntnissen der modernen Physik, wonach es so etwas wie getrennte Teile gar nicht wirklich gibt und jedes Atom im Universum mit jedem anderen verbunden ist.

Schade ist nun natürlich, dass wir das alles nicht so leicht empfinden können, es sei denn … tja, es sei denn, dass wir uns bei allem, was wir tun, bei allem, was wir denken und fühlen, darüber bewusst sind, dass wir immer Einfluss auf das Ganze nehmen, weil wir das Ganze sind. Wenn wir mitfühlend sind, ändert sich daher nicht nur in uns selbst etwas: Jedes Herz, das wir berühren, öffnet sich und kann seinerseits wieder Herzen berühren, die sich ihrerseits öffnen, und so weiter. Und so können wir, da wir eben nicht isoliert, sondern verbunden sind, Teil der sanften Revolution sein, die nötig ist, um die Veränderungen zu bewirken, die unsere Welt so dringend braucht.

Verbundenheitsreflexion I

Jeder Mensch ist mit jedem anderen verwandt. Alle Menschen, die heute leben – ob nun in Afrika, Europa oder Asien – stammen von einer Frau ab, die vor rund 150 000 Jahren gelebt hat. Das konnten Wissenschaftler anhand unserer Erbsubstanz oder genauer gesagt unserer »mitochondrialen DNA« berechnen. Selbst der Mensch, der uns genetisch gesehen am weitesten entfernt und somit am »fremdesten« ist, ist doch eine, wenn auch sehr entfernte, Cousine oder ein entfernter Cousin von uns. Wann immer du anderen Menschen begegnest – nicht nur Freunden und Verwandten, sondern auch völlig fremden Menschen –, solltest du dir also bewusst machen, dass sie bei Weitem nicht so fremd sind, wie es dir vielleicht scheint.

Verbundenheitsreflexion II

Eine weitere einfache Möglichkeit, dir der Verbundenheit allen Seins bewusst zu werden, bietet dir dein Frühstück: Nehmen wir einmal an, dass du Marmelade magst, zum Beispiel Orangenmarmelade. Hast du schon einmal darüber nachgedacht, woher deine Orangenmarmelade stammt, die du auf dein Toastbrot gestrichen hast? (Und wir reden jetzt mal noch gar nicht vom Toaster, denn sonst wird die Sache richtig kompliziert.) Woher also kommen wohl die Orangen? Vielleicht ja von einer Plantage in Spanien, dem Land, wo die Orangen blühen.

Was war nötig, damit die Orangen wachsen und reifen konnten? Sonne? Regen? Wind? Erde? Und wer hat die Früchte geerntet, wer hat sie verpackt, wer hat sie im Laster durch halb Europa gekarrt, und wo wurden sie wohl zu Marmelade verarbeitet? Vielleicht in Großbritannien? Immerhin soll es ja ein Schotte gewesen sein, der die Marmelade erfunden hat, indem er Bitterorangen und viel Zucker eingekocht hat. Allerdings fanden Archäologen bei Ausgrabungen in Italien Reste von Zwetschgenmus in antiken Tongefäßen, die aus der römischen Kaiserzeit stammen. Stammt die Marmelade also von dort?

Du siehst schon: Es ist praktisch unmöglich, die Abermillionen von Fäden im Blick zu haben, durch die alles mit allem verbunden ist – nicht nur räumlich, sondern auch zeitlich. Aber das ist auch gar nicht nötig. Eines nämlich können wir sehr wohl tun: die Dinge, die uns so alltäglich und selbstverständlich vorkommen, achtsam mit neuen Augen und mit unserem Herzen sehen. Je tiefer wir dabei eintauchen, desto mehr werden wir ins Staunen kommen und desto mehr Dankbarkeit werden wir empfinden.

Die Antwort ohne Worte

Ein junger, wissbegieriger Mann namens Li Wu hatte die Schriften Buddhas und anderer Weiser gelesen – und ganz besonders beeindruckt hatte ihn die Aussage, dass Mitgefühl das Wichtigste von allem sei. In seinem Nachbarort wohnte der berühmte Meister Da Xin, dessen Name »Großes Herz« bedeutet. Ihn wollte Li Wu befragen, was Mitgefühl nun wirklich sei.

Er trat vor Da Xin, verbeugte sich und sprach: »Ehrwürdiger Meister, ich habe so viel von der Kraft des Mitgefühls gehört. Nun bin ich zu Euch gekommen, da ich verstehen möchte, was es wirklich bedeutet.«

Da Xin schwieg eine Weile, blickte in den Himmel und sagte dann: »Was bedeutet ›es‹ und was bedeutet ›ich‹? Beantworte mir das und ich will deine Frage beantworten.«

Der junge Mann verneigte sich und ging. Eine Woche später kehrte Li Wu zurück zum Meister und sprach: »Mein Geist ist ›ich‹ und ›es‹ ist das, was außerhalb meines Geistes ist.«

Da Xin schüttelte den Kopf. »Nein, das ist es noch nicht.«

Li Wu verneigte sich und ging.

Ein Jahr später kam Li Wu wieder. »›Ich‹ und ›Es‹ sind eins – sie sind alles und nichts.«

Da Xin schüttelte den Kopf. »Nein, das ist es noch nicht.«

Li Wu verneigte sich und ging.

Drei Jahre darauf trat Li Wu wieder vor den Meister, verbeugte sich tief und sprach: »Danke, Meister, für Eure Antwort.«
Da Xin lächelte und reichte ihm eine Schale Tee.

Einsamkeit ist kein Schicksal

Wir kommen allein auf die Welt und verlassen sie auch ganz ohne Begleitung wieder. Wir ziehen uns zurück, um allein sein, nachdenken, innehalten oder etwas Abstand gewinnen zu können. Allein zu sein kann eine wunderbare Erfahrung sein – einsam zu sein ist es jedoch nicht.

Im normalen Sprachgebrauch werden »allein« und »einsam« ja oft synonym verwendet. Wir schlagen jedoch vor, die beiden Begriffe klar zu unterscheiden. »Alleinsein« können wir hierbei als freiwillige Abgeschiedenheit und einen kraftvollen Zustand, »Einsamkeit« hingegen als unfreiwillige Abgeschiedenheit und einen Zustand des Mangels definieren.

Jeder von uns sehnt sich im Grunde seines Herzens danach, von anderen gesehen und wahrgenommen zu werden. Leider mussten wir allerdings meist schon als Kind die bittere Erfahrung machen, dass die meisten Menschen um uns herum nicht dazu in der Lage sind, ihr Herz für uns zu öffnen und uns wirklich zu sehen. Wie sollten sie auch? Sind sie doch nicht mal dazu in der Lage, ihr Herz für sich selbst zu öffnen und sich selbst zu sehen.

Das Gefühl, von anderen abgetrennt und isoliert zu sein, kennen wir nicht erst seit den Zeiten von Social Distancing, sondern schon von klein auf. Tatsächlich ist Einsamkeit in erster Linie ein Gefühl – das subjektive Erleben, niemanden zu haben, der uns versteht. Dieser Gefühlszustand taucht aber nicht nur auf, wenn wir allein auf hoher See oder in unserer kleinen Wohnung und somit räumlich tatsächlich abgeschieden sind, sondern er kann uns auch mitten in der Gesellschaft befallen. Vielleicht ist das sogar die schlimmste Art der Einsamkeit: Zeit mit seinem Partner, seinen Freunden oder in einer fröhlichen Partygesellschaft zu verbringen und sich trotzdem vollkommen isoliert zu fühlen.

Das Gefühl der Einsamkeit wird durch unsere innere Stimme verstärkt, wenn nicht sogar überhaupt erst hervorgerufen, die uns sagt: »Du gehörst nicht dazu. Du bist ein Außenseiter. Du bist nicht liebenswert. Du wirst dein ganzes Leben lang einsam bleiben. Keiner will dich sehen.« Diese zerstörerischen Glaubenssätze ziehen uns schnell in einen Teufelskreis hinein: Wir glauben, uninteressant zu sein, und ziehen uns zurück. Und weil wir uns in uns selbst zurückziehen, wenden sich andere von uns ab, und siehe da: Der Glaubenssatz bestätigt sich. Wir haben es hier also quasi mit einer selbsterfüllenden Prophezeiung zu tun. Nur ohne Propheten, dafür aber mit einem vorlauten Affen in unserem Kopf – denn unser »Affengeist«, unser Monkey Mind, von dem Buddhisten so häufig sprechen, ist es, der immerzu diese negativen Glaubenssätze produziert.

Falls du dich einsam fühlst, tröstet es dich vielleicht ein wenig zu wissen, dass du damit nicht allein bist: Ebenso wie die Depression ist auch Einsamkeit heute bereits eine Volkskrankheit, die immer mehr Menschen befällt. Während kurze Phasen der Einsamkeit zum Leben gehören, ist Einsamkeit als Dauerzustand einfach kein Zustand. Unser Gehirn und vor allem unser Herz sind auf Austausch und Verbundenheit programmiert. Ärzten ist aufgefallen, dass Menschen, die in einem gesunden sozialen Umfeld leben und gut vernetzt sind, seltener krank werden, schneller genesen und sogar länger leben als Eigenbrötler.

Ein starkes soziales Netz schützt sowohl unseren Körper als auch unsere Seele. Wir sind zufriedener, ausgeglichener und sehen viel eher einen Sinn in unserem Leben, wenn wir gute Beziehungen zu anderen pflegen. Das Dumme ist, dass es jedoch umso schwieriger wird, sich mit anderen zu verbinden, je länger wir uns einsam fühlen. Und je mehr wir uns nach außen verschließen, umso leichter verlieren wir auch den Kontakt zu uns selbst.

Es gibt eine ganze Reihe an Gründen dafür, warum sich heute so viele Menschen einsam fühlen: Ehen zerbrechen, ein Großteil des sozialen Lebens findet im Internet statt, schon Kinder verbringen oft mehr Zeit vor dem Computer als mit Freunden, Teenager treffen sich fast nur noch in der digitalen Welt, immer mehr Menschen leben in der Anonymität der Großstadt, und die Beziehungen zu Verwandten und alten Freunden bleiben immer öfter auf der Strecke. Dennoch sind all diese Ursachen nur teilweise der Grund für Einsamkeit. Immerhin gibt es nämlich auch Menschen, die trotz Digitalisierung, Großstadt, Scheidung oder Umzug einen großen Freundeskreis haben und sich in der Gemeinschaft pudelwohl fühlen. Da muss es also noch etwas anderes geben. Und wenn wir genau hinsehen, erkennen wir, dass das oft viel mehr mit unserem Inneren als mit den äußeren Umständen zu tun hat.

Wenn du einsam bist, beginnst du an dir selbst zu zweifeln, hältst dich für wertlos, du fühlst dich schlecht, wirst pessimistisch, bemitleidest dich wahrscheinlich selbst und hältst die anderen für unnahbar … Aber vielleicht ist es ja auch umgekehrt: Weil du an dir selbst zweifelst, dich für wertlos hältst, pessimistisch bist und andere Menschen als schwer zugänglich einschätzt, bist du einsam. Deine Kontaktfreude hängt einzig und allein von deiner inneren Einstellung ab. Und wenn Buddha recht hatte, ist es nicht die Welt, die unseren Geist formt, sondern vielmehr unser Geist, der unsere persönliche Welt gestaltet. Auch die Probleme, die uns das Leben schwer machen, haben ihren Ursprung in unserem Geist.

Wenn es also etwas gibt, was du in deinem Leben gern ändern würdest, dann verändere zunächst deinen Geist. Wenn du zu wenig Liebe erfährst, dann warte nicht darauf, bis vielleicht irgendwann mal jemand kommen wird, der dich wirklich sehen und wahrnehmen kann, sondern geh selbst auf andere zu – achtsam und mitfühlend. Warte nicht, bis ein anderer dein Herz öffnet – das klappt sowieso nicht. Es gibt nur einen Menschen, der das für dich machen kann: du selbst.

Raus aus dem Schneckenhaus

Schneckenhausbewohner haben meist gute Gründe dafür, sich zurückzuziehen und ihre Zeit lieber allein als in Gesellschaft zu verbringen. Schlimme Erfahrungen in der Vergangenheit oder auch aktuelle Enttäuschungen und Kränkungen können, ebenso wie das Gefühl nicht dazuzugehören, dazu führen, dass wir irgendwann gar nicht mehr auf die Idee kommen, dass es auch noch eine Welt jenseits unserer vermeintlichen Einöde gibt – eine sehr große und weite Welt …

Einsamkeit ist ein bedrückender Zustand, der uns die Lebensfreude raubt und die Traurigkeit zu unserer ständigen Begleiterin macht. Nichtsdestotrotz gewöhnen wir uns mit der Zeit auch an Zustände, die ganz und gar nicht gesund für uns sind. Und statt uns nach neuen Wegen umzusehen, bleiben wir dann in der Sackgasse stehen. Doch so helfen wir weder uns noch anderen.

Du kannst auch hierbei den Weg der liebevollen Achtsamkeit nutzen. Es ist kein Notausgang, ganz im Gegenteil: Auch wenn wir es mit noch so belastenden Zuständen zu tun haben – und Einsamkeit gehört ganz bestimmt dazu –, ist Weglaufen keine Lösung. Es ist schließlich deine Einsamkeit, und wenn du vor ihr wegläufst, läufst du auch vor dir selbst davon.

Liebevolle Achtsamkeit wurzelt in der buddhistischen Schulung. Die Augen zu verschließen oder sich abzulenken ist so ziemlich das Gegenteil der buddhistischen Einstellung. Buddha ist ja nicht etwa dadurch befreit worden, dass er vor dem Leiden weggelaufen wäre, es kleingeredet oder sich betäubt hätte, sondern er hat das Leiden überwunden, weil er die Kraft hatte, ihm gelassen und aufmerksam ins Gesicht zu schauen. Wir alle haben diese Kraft.

Falls du dich oft einsam fühlst, wollen wir dir zwei Wege zeigen, die dir helfen werden, die Koffer zu packen und deinem Schneckenhaus Lebwohl zu sagen. Du kannst es ja jederzeit noch als Ferienhäuschen nutzen.

Meditation: Der innere Weg

Sich dem Gefühl der Verlassenheit achtsam zuzuwenden ist vielleicht nicht unbedingt das, was wir intuitiv tun würden, aber schwer ist es nicht. Wenn du einsam bist, dann stell dich deiner Einsamkeit. Am besten tust du das im Rahmen einer kurzen Sitzmeditation, die du möglichst über eine etwas längere Zeit hinweg regelmäßig wiederholen solltest:

- Setz dich aufrecht hin, schließ die Augen und entspann deinen Körper. Lass deinen Atem allmählich zur Ruhe kommen.
- Erlaube dir nun, die Einsamkeit in dir wirklich zu spüren. Wenn du die Einsamkeit wahrnehmen kannst, dann formuliere innerlich ganz deutlich: »Ja – das ist Einsamkeit.«
- Wie fühlt sich Einsamkeit eigentlich an? Gibt es einen oder mehrere Bereiche in deinem Körper, wo du ein

Gefühl von Enge oder Druck spürst? Und wie reagiert dein Atem auf dieses Gefühl? Beobachte, ob dein Atem schnell oder langsam, tief oder flach, rhythmisch oder abgehackt ist. Bewerte nichts – es geht einfach darum, etwas herauszufinden, und nicht darum, etwas zu »verbessern«.

- Lenk deine Achtsamkeit nun auf die Gefühle. Geht Einsamkeit mit bestimmten Gefühlen einher? Kannst du Traurigkeit, Erschöpfung, Verzweiflung, Wut oder andere Gefühle wahrnehmen?
- Tauche tief in das Empfinden, einsam zu sein, ein. Keine Sorge, dir kann nichts passieren. Versuche, die Einsamkeit frei durch dich hindurchströmen zu lassen. Akzeptiere deine Gefühle ohne Wenn und Aber.
- Lenk die Achtsamkeit abschließend noch einmal auf deinen Atem. Nutze jedes Ausatmen, um loszulassen und Belastendes fallenzulassen. Lächle dir innerlich zu und schenk dir selbst Verständnis und Mitgefühl. Du bist ein Mensch. Menschen sind manchmal einsam. Das ist okay. Es darf so sein. Einsamkeit taucht auf, bleibt eine Weile und manchmal auch ein bisschen länger, um dann irgendwann wieder zu verschwinden.
- Beende die Meditation, indem du einige Male tief durchatmest und die Augen wieder öffnest.

Reflexion: Der äußere Weg

Der äußere Weg, der dich aus dem Schneckenhaus befreit, lässt sich in einem ganz einfachen Satz zusammenfassen: »Wenn du geliebt werden willst, dann liebe.« Denn auch wenn dich der äußere Weg – wie der Name ja schon sagt – dazu auffordert, mehr nach außen zu gehen, ist es letztlich doch deine innere Haltung, die dabei zählt. Es gibt eine Menge Tipps gegen Einsamkeit, die dich dazu einladen, aktiv zu werden. Hier sind nur einige davon:

- Übernimm ein Ehrenamt.
- Treib Sport, pflege Hobbys, öffne dich für neue Interessen, bleib lebendig.
- Werde gemeinsam mit anderen aktiv – beispielsweise, indem du einem Verein beitrittst, einen Tanzkurs besuchst oder dich einer Reisegruppe anschließt.
- Erledige Besorgungen für eine kranke Nachbarin, schenk Menschen, die einsam sind, ein bisschen deiner Zeit.
- Gib deine Fähigkeiten weiter: Vielleicht kannst du ja gut kochen oder malen. Vielleicht spielst du ein Instrument oder kennst dich gut mit Gärtnern aus. Oder womöglich weißt du, wie man einen Computer wieder zum Laufen bringt ... Mit all dem kannst du sicher sein, dass es irgendwo Menschen gibt, die deine Hilfe sehr gut gebrauchen könnten.

In letzter Zeit sind in vielen Gemeinden verschiedene Initiativen gestartet worden, um mehr Verbundenheit in der Nachbarschaft zu pflegen und Einsamkeit entgegenzuwirken. So erfreulich das ist, so haben Studien doch auch gezeigt, dass die Veränderung der eigenen Haltung hin zu mehr Offenheit deutlich effektiver ist als äußere Handlungen und Aktionen.

Mit anderen Worten: Die in der letzten Reflexion genannten Anregungen werden dein Leben nur dann verändern, wenn du dich zugleich innerlich mit der Welt, in der du lebst, verbindest. Kultiviere dein Mitgefühl, und nimm Kontakt zu der Quelle der Güte in dir auf. Öffne dein Herz für alle Menschen, denen du begegnest. Erst dadurch wird alles, was du tust, um neue Kontakte zu knüpfen, alte wiederaufleben zu lassen oder mehr Gemeinschaft zu erfahren, auch wirklich fruchten.

Solange du deine innere Rüstung nicht ablegst, kannst du noch so viele Beziehungen eingehen – du wirst doch einsam bleiben. Zwar hilft dir die unsichtbare Rüstung, nichts mehr an dich heranzulassen, zugleich lässt sie aber auch nichts mehr von dir hinaus. Es ist, als würdest du die Luft anhalten – es findet kein Austausch zwischen Innen und Außen mehr statt.

Niemand zwingt dich dazu, einsam zu sein. Niemand hat dich eingesperrt – weder in deiner Wohnung noch in deiner Haut. Du kannst jederzeit aus beiden raus.

Wovor fürchtest du dich? Was kann schon passieren, wenn du andere ansprichst oder sie triffst? Dass du dich blamierst? Dass du zielsicher ins Fettnäpfchen trittst? Na und? Dein Herz wird dadurch sicher nicht zerbrechen.

Vielleicht fürchtest du dich auch vor zu viel Nähe? Tatsächlich ist es aber nie die Nähe, vor der wir Angst haben müssen, sondern unser Anhaften. Wenn du zu wenig Halt in dir selbst hast, wirst du ihn außen suchen. Und wenn du diesen Halt dann in der Nähe zu einem anderen Menschen findest, wird es umso schmerzlicher sein, wenn er sie dir wieder entzieht. Die »logische Konsequenz« ist dann, dass du dich in Zukunft vor Nähe hüten wirst. Doch nicht vor der Nähe solltest du auf der Hut sein, sondern vor deiner eigenen Bedürftigkeit, deinem inneren Mangel und deinen Erwartungen an andere, die daraus entstehen und doch nie erfüllt werden können.

Die Angst davor, Fehler zu machen, in Gesellschaft etwas Dummes zu sagen, zu viel Nähe zuzulassen, oder die Sorge, dass wir für andere uninteressant oder »es nicht wert« sind, löst sich sofort in Luft auf, sobald wir erkennen, dass alle Teile des ganzen Universums und jeder Mensch mit jedem anderen verbunden ist.

Bis es so weit ist, gibt es jedoch eine sehr einfache Möglichkeit, uns aus unserer emotionalen Isolationshaft zu befreien: Beginnen wir damit, Verbundenheit zu leben – aber nicht nur äußerlich, sondern mit ganzem Herzen. Konkret heißt das:

- Mach eine freundliche, wohlwollende Haltung zu deiner Grundeinstellung.
- Sei nicht nur zu anderen, sondern auch zu dir selbst rücksichts- und liebevoll. Bleib in gutem Kontakt mit dir, auch wenn du mit vielen anderen Menschen zusammen bist.

- Gerade wenn du einsam bist, solltest du nie darauf warten, geliebt zu werden, sondern den ersten Schritt tun. Und auch den zweiten, den dritten ... Irgendwann kommt das Mitgefühl, das du anderen schenkst, zu dir zurück. Das ist nur eine Frage der Zeit.
- Nutze das soziale Leben im Alltag, um liebevolle Achtsamkeit zu praktizieren. Ob du dich nun in der Nachbarschaftshilfe engagierst, mit einer Kundin telefonierst, einem Bekannten eine SMS schreibst oder Small Talk mit dem Gemüseverkäufer hältst: Die beste Medizin gegen Einsamkeit und Hemmungen ist Mitgefühl. Mitgefühl ist ein spirituelles Kontaktmittel, das dir die Verbindung zu anderen Menschen enorm erleichtert.
- Erwarte nicht zu viel von den anderen. Die Enttäuschung ist sonst vorprogrammiert. Es gibt keinen Menschen, der all deine Bedürfnisse erfüllen kann, aber dafür sehr viele, die dir einzelne Anknüpfungspunkte bieten, um dein Netz der Liebe weiterzuknüpfen.
- Leider genügt es nicht, mit anderen Menschen mitfühlen zu können. Wir müssen unser Mitgefühl auch zeigen! Viele einsame Menschen sind durchaus liebevoll und mitfühlend – nur haben sie oft noch keinen Weg gefunden, ihr Mitgefühl zum Ausdruck zu bringen. Lass deine Herzensgüte durch die Dinge, die du tust, die Worte, die du sprichst, und deine Präsenz im Hier und Jetzt in die Welt strahlen. Die Reflexionen und Meditationen in diesem Buch helfen dir, von Tag

zu Tag ein wenig mehr liebevolle Achtsamkeit in deinem Leben zu verwirklichen.

Der König, der nicht allein sein konnte

In einem kleinen Land lebte einst ein mittelmäßiger König in einem großen Schloss. Er war von einer ständigen Angst geplagt: Er fürchtete sich furchtbar vor dem Alleinsein. Das mag nun wunderlich erscheinen, denn immerhin war er ja König und hatte den ganzen Hofstaat und so viele Diener, wie er nur wollte, um sich. Und dennoch war es so: Der König fühlte sich einsam und fürchtete sich vor dieser Einsamkeit, die ihn überallhin begleitete.

Der Rat des Königlichen Ratgebers war wohlfeil und erwartetet: »Herr König, Ihr müsst heiraten! Dann habt Ihr Frieden.« Ein paar seltsame Geräusche waren von einigen Mitgliedern des Hofstaates zu hören; es klang fast so, als müssten sie ein Lachen unterdrücken. Der König wiegte den Kopf. »Ich will es mir überlegen. Das darf man nicht übereilen.« Der Ratgeber zog sich zurück.

Als Nächstes gab der Hofzauberer seinen Rat: »Majestät, ich will Euch aus einer großen Rübe einen magischen Freund schnitzen und ihn mit einem Zauberspruch zum Leben erwecken! Dann habt Ihr einen stets bereiten, ergebenen und niemals eigensinnigen Freund.«

Der König runzelte die Stirn. Kartoffeln mochte er, aber Rüben nicht; schon gar nicht als Freunde. »Ich will es mir überlegen. Aber fangt um Himmelswillen noch nicht mit dem Schnitzen an. Der Koch könnte es Euch verübeln.«

Der Zauberer verneigte sich tief und zog sich in sein Zaubererzimmer im Turm zurück, um zu schmollen.

Des Königs Zeremonienmeister sprach: »Hoheit, wie wäre es, wenn etwas mehr Leben ins Schloss käme? Wir könnten viel öfter Bälle und Bankette veranstalten, mit Tanz und Schmaus, mit Lustbarkeiten und Artisten … Da käme keine Einsamkeit auf!«

Der König schüttelte den Kopf. »Nein, nein, nein. Ich will keine Bälle und Bankette. Unter den vielen Tänzern, Schmeichlern, Fressern und Säufern fühle ich mich erst recht einsam.«

Der Zeremonienmeister zog sich unter vielen Bücklingen zurück.

»Nun?«, sprach der König zu dem uralten Hofastronomen, der als eine Art Weiser galt.

»Hm, nun ja, also …«, murmelte der Alte in seinen nicht unbeträchtlichen Bart. Der König räusperte sich ungeduldig, und der Astronom sah ihn eine Weile aus seinen wässrigen Augen an. »König«, sagte er schließlich. »Wie die Sterne im Weltall sind wir alle allein, und die Leere zwischen den Seelen kann so wenig überbrückt werden wie der Raum zwischen den Sternen.«

Der König starrte den Astronomen an. »Alter Narr!«, schrie er dann. »Einsam fühle ich mich schon – und jetzt sagst du mir, dass ich noch einsamer bin, als ich mich fühle. Geh mir aus den Augen und glotz weiter deine Sterne an. Da frage ich ja noch besser den Hofnarren.«

Unbekümmert nickte der Alte und ging. Der Hofnarr aber sprang, gleichzeitig ein Rad schlagend und ein Liedchen pfeifend, vor den Thron, stellt sich auf den Kopf und sagte mit quäkender Stimme: »Allein, allein, das arme königliche Schwein. Mir kommen die Tränen …« Er sprang wieder auf die Füße und rieb sich die Augen, als ob er bitterlich weinte. »Alles, was Euch fehlt, Euer Jämmerlichkeit, ist das Alleinsein. Geht in die Lehre bei einem Einsiedler, dann wird's schon wieder, oh königliche Würmlichkeit!«

Der König fand das alles gar nicht lustig, aber er hatte auch keine Lust, den Narren zu tadeln. So winkte er nur ab und der Narr tanzte, närrisch mit seinen Schellen klimpernd, davon.

Es war natürlich Narretei, was der Narr vorgeschlagen hatte. Und doch – es ging dem König nicht mehr aus dem Kopf. Vielleicht wäre es ja tatsächlich das Beste, etwas wirklich Närrisches zu tun.

Und so zog er am frühen Morgen, noch bevor die Knechte und Mägde aufstanden, in aller Heimlichkeit in den Wald. Kaum war er dort, hatte er sich auch schon verlaufen. Er irrte lange umher. »Wenn ich den Narren in die Finger kriege …!«, murmelte der König. Ihn fror, es wurde schon wieder dunkel, und nun begann es auch noch zu regnen. Der König fluchte ganz unköniglich und stolperte weiter voran – er glaubte, zwischen den Bäumen ein kleines Licht gesehen zu haben.

So kam er denn zur Hütte des Einsiedlers, der ihn, ohne zu fragen, wer er sei, woher er komme und wohin er ginge, freundlich aufnahm und ihm eine Schale Suppe reichte. Der Einsiedler fragte nicht, und so begann der König, von sich und seiner Furcht vor der Einsamkeit zu sprechen. Der Einsiedler nickte dann und wann und hörte nur zu. Seltsamerweise fühlte sich der König schon etwas weniger einsam als sonst.

Als der König seine Sorgen und noch so allerlei, was ihm durch den Kopf ging, berichtet hatte, schien ihm beim besten Willen nichts mehr einzufallen. Da sagte der Einsiedler ruhig: »Ich glaube, König, der Narr hat recht. Du musst allein sein können, um nicht einsam zu sein.« Der König sah ihn mit großen Augen an. Es klang närrisch, was er sagte; doch wenn einer keine Purzelbäume und Räder schlägt und keine Narrenkappe mit Schellen auf dem Kopf trägt, klingt jeder Rat ein wenig besser. Aber verwirrt war der König immer noch.

»Höre«, sagte der Einsiedler. »Ich muss auf eine kurze Reise gehen. Du kannst unterdessen auf die Hütte achtgeben und dabei das Alleinsein üben.«

Der König wusste nicht recht, was er sagen sollte, und so sagte er nichts und nickte nur.

Am nächsten Morgen ging der Einsiedler, und der König war allein im Wald. Drei Tage fühlte er sich schrecklich einsam. Hätte er den Weg nach Hause gewusst und dem Einsiedler nicht versprochen, auf die Hütte achtzugeben – er wäre sofort geflohen. Nach drei weiteren Tagen spürte er jedoch ein seltsam leichtes, freies Gefühl in seinem Herzen. Wieder drei Tage vergingen, und er dachte mit Liebe an alle Menschen, die ihm begegnet waren, und all seine Untertanen.

Am zehnten Tag kam der Einsiedler zurück. »Nun, König, fühlst du dich immer noch einsam?«

Der König lächelte ihn an. »Nein, erstaunlicherweise nicht. Aber wie kann das sein?«

Der Einsiedler sah ihn mit freundlichen Augen an. »Nun, ganz einfach: Früher hast du nur an dich selbst gedacht. Du bist um dich selbst gekreist und hast daher auch nur dich selbst gesehen – natürlich warst du da einsam! Jetzt hast du gelernt, liebevoll an andere Menschen zu denken. Und da du nun durch das Band der Liebe mit ihnen verbunden bist: Wie könntest du da einsam sein?«

Die Kraft des Wir

In Krisenzeiten zeigt sich, was Menschen bewirken können, wenn sie sich ihrer Verbundenheit bewusst werden und als Gemeinschaft handeln. Terroranschläge, Naturkatastrophen oder Pandemien erinnern uns besonders deutlich daran, dass jeder von uns Teil einer großen Menschenfamilie ist und dass wir nur überleben können, wenn wir alle zusammenhalten. Wo der Einzelne machtlos ist, können wir als Gemeinschaft immer noch sehr vieles verändern. Und dafür müssen wir nicht erst auf die nächste Krise warten, denn so wie es aussieht, leben wir längst inmitten einer Dauerkrise.

Wir brauchen nicht Friedens- oder Klimaforscher zu sein, um zu sehen, dass es mit unserer Gesellschaft und unserem Planeten den Bach runtergehen wird, wenn wir die Hände in den Schoß legen und einfach mal abwarten. Wem das Wasser schon bis zur Nase steht, den tröstet der Spruch »Nach mir die Sintflut« auch nicht mehr. Wegschauen bringt nichts. Pessimismus auch nicht. Ignoranz, Angst und Depressionen sind zwar verständliche Reaktionen, sie tragen aber nicht dazu dabei, Probleme zu lösen. Letztlich gibt es nur zwei Strategien, die wirklich hilfreich sind:

- Erstens müssen wir – muss jeder für sich – eine Kultur der Achtsamkeit, der Gelassenheit und des Mitgefühls pflegen. Statt blind auf die Reize, die vor allem von den Medien ausgehen, zu reagieren, müssen wir unseren Geist zur Ruhe bringen. Wir müssen lernen, tief in uns hineinzublicken, Klarheit zu gewinnen und unser Herz zu öffnen.
- Zweitens müssen wir uns unserer Verbundenheit mit den anderen Menschen bewusst werden und die Kraft des Wir entdecken und fördern, wo immer uns das möglich ist.

Das Gefühl der Verbundenheit ist in westlichen Gesellschaften leider nicht besonders stark ausgeprägt. Vielleicht gerade noch zu engen Familienangehörigen oder Freunden. Und doch fordern uns die globalen Probleme immer mehr dazu auf, weit über unseren Tellerrand hinauszuschauen und zu erkennen, dass Menschen auf der ganzen Welt miteinander verbunden sind. Unser Leiden ist das Leiden der ganzen Menschheit. Als isolierte Einzelkämpfer werden wir nicht wirklich zur Lösung der Probleme beitragen können – in der Gemeinschaft mit anderen jedoch durchaus. Und dabei spielt es keine so große Rolle, ob wir in der digitalen, realen oder spirituellen Ebene zueinanderfinden, solange wir nur unsere »Community« finden, mit der wir gemeinsam positive Veränderungen bewirken können.

Ökosysteme sind Egosystemen bei Weitem überlegen. Das zeigt auch das Phänomen der Schwarmintelligenz.

Viele können mehr als einer. Und viele wissen auch mehr als einer. Das sehen wir zum Beispiel an Wikipedia, der Internetenzyklopädie, in der freies Wissen weltweit gesammelt wird. Kein noch so schlauer Professor weiß auch nur annähernd so viel wie all die unzähligen Menschen zusammen, die täglich Wikipedia-Artikel liefern oder bearbeiten.

»Ein Baum, der fällt, macht mehr Krach als ein Wald, der wächst.«

Tibetisches Sprichwort

Auch wenn es manchmal düster aussehen mag – du bist nicht allein. Du kannst dich jederzeit mit anderen verbinden, sie unterstützen und dich von ihnen unterstützen lassen. Lass dich von den täglich auf dich einstürmenden schlechten Nachrichten nicht aus der Ruhe bringen – mit Panik ist keinem geholfen. Mach dir stattdessen bewusst, wie unglaublich viele Menschen und Organisationen genau jetzt, in diesem Augenblick, hoch motiviert daran arbeiten, unsere Welt zu einem besseren und sichereren Ort zu machen.

Auch wenn die großen Katastrophen und Schreihälse in der Weltpolitik viel Lärm machen, tragen doch unzählige Menschen gleichzeitig dazu bei, unsere Situation zu verbessern – nur überhören wir das leider leicht.

Ego? Die Illusion der Trennung

Das Ego ist der Mittelpunkt unserer Welt. Wir nennen diesen Mittelpunkt »Ich«. Seinen Mittelpunkt zu kennen und ein gefestigtes Ego zu haben ist wichtig. Dann entstehen Selbstsicherheit und gesundes Selbstbewusstsein, die dir helfen, deine Ziele klarer zu erkennen und besser zu verwirklichen als mit einem schwachen, unsicheren Ego.

So hilfreich Selbstbewusstsein und Selbstwertgefühl sind, so fatal wirken sich Egoismus und Narzissmus aus, die aus einem übergroßen, ungefestigten, aber aufgrund seiner Größe beharrlichen Ego entstehen. Der Egoist denkt vor allem an sich. Natürlich tut er auch mal etwas Gutes für andere – doch *er* tut das Gute und hofft auf eine Gegenleistung, die *ihm* zugutekommt. Seine ichbezogene Sichtweise trägt allerdings nicht im Mindesten zur eigenen Selbsterkenntnis bei – im Gegenteil. Dem Egomanen geht es ja nicht um Reflexion, sondern um seinen eigenen schnellen Vorteil. Er fragt ständig »Was nützt mir das?«, ohne sich allzu viele Gedanken darüber zu machen, wie es anderen ergeht. Oft geht der Egoismus aber nicht nur mit Gleichgültigkeit (schon schlimm genug) einher, sondern auch noch mit einer Abwertung anderer. Der chinesische Philosoph Zhuangzi schrieb dazu, dass diejenigen, die ihr Ich nicht loslassen können, alles gut finden, was sie selbst tun. Und sie verurteilen alles, was nicht von ihnen kommt. Das kommt einem bekannt vor, wenn man sich manche Diskussionen anhört …

Egoismus tut nicht gut – weder uns selbst noch der Welt, in der wir leben. Sogar der Gesundheit schadet Egoismus. Menschen, die sich mit anderen nicht verbunden fühlen – und das kann man von Egoisten ja uneingeschränkt sagen – haben ein schwächeres Immunsystem, einen höheren Blutdruck und eine geringere Lebenserwartung als mitfühlende Menschen. Egoisten sehen sich als Einzelkämpfer, die viele Feinde haben. Und wo sie nicht gegen Feinde kämpfen müssen, lehnen sie zumindest alle ab, die »anders« und »fremd« sind – und davon gibt es nun mal mehr als genug.

Mehr oder weniger neigen wir wohl leider alle dazu, andere in Schubladen zu stecken. Gerade Menschen, die einer anderen Schicht oder Religion angehören, die anders aussehen oder aus anderen Ländern kommen, nehmen wir oft nicht als ebenbürtig wahr. Und dann übersehen wir, dass sie ebenso wie wir Träume haben, dass sie Freuden und Leiden kennen, dass sie ebenso wie wir Gefühle und dass sie auch Ängste und Sorgen haben.

Hand aufs Herz: Kennst du das nicht auch von dir selbst, dass du andere ständig beurteilst? Wir denken meist gar nicht groß nach, sondern urteilen blitzschnell: »besser«, »schlechter«, »schlau«, »dumm«, »sympathisch«, »unsympathisch«, »passt zu mir«, »passt nicht zu mir« ... An Schubladen fehlt es nicht: Wir stempeln andere als Linke, Rechte, Kapitalisten, Ökos, Kriminelle, Langweiler, Dummköpfe und so weiter ab. Indem wir ihnen Etiketts aufkleben, distanzieren wir uns von ihnen. Wir grenzen uns ab, verschließen unser Herz – und natürlich können wir die Menschen, denen wir so begegnen, nicht mehr wirklich sehen.

Im schlimmsten Fall führt eine solche Entfremdung dazu, dass wir anderen großes Leid zufügen können, ohne mit der Wimper zu zucken. Nur durch einen Mangel an Verbundenheit und Mitgefühl kann es Gewalt geben. Und Gewalt fängt nicht etwa erst dort an, wo es zu offenen Konflikten kommt, denn es gibt sehr viel subtilere Formen. Schon verletzende Worte sind eine Form von Aggression oder Ablehnung, eine Gestalt des Geistesgiftes Hass.

Um mit den Augen des Herzens sehen zu können, müssen wir alle egoistischen Motive, Revierkämpfe, Vorurteile und Abwertungen loslassen. Nur so können wir uns wirklich mit anderen verbunden fühlen. Vom Dalai Lama wissen wir, dass er Straßenfegern oder Kellnerinnen mit der gleichen liebenden Güte begegnet wie Staatsmännern oder Nobelpreisträgern. Wer die Illusion überwunden hat, dass wir getrennte Wesen sind, für den werden Hierarchien überflüssig. Für ihn – und nicht nur vor Gott – sind alle Menschen gleich.

Meditation: Verbundenheitsscan

Studien zeigen, dass sich die Gehirnwellen von zwei Menschen, die einander Mitgefühl entgegenbringen, aufeinander »einschwingen« und dass sich auch die Herzfrequenz angleicht. Interessant ist, dass man das sogar bei Menschen beobachten kann, die zwar räumlich weit voneinander entfernt sind, aber liebevoll aneinander denken. Die folgende Übung hilft dir, ein Gefühl der Verbundenheit zu allen Menschen in deinem Kreis zu entwickeln und in positive Resonanz mit ihnen zu gehen. Dabei nutzt du die Kraft der mitfühlenden Visualisierung.

Vielleicht kennst du den Bodyscan, die Achtsamkeitsübung, bei der du mit deiner Aufmerksamkeit durch den Körper wanderst und dich jedem Bereich bewusst zuwendest. Der Verbundenheitsscan funktioniert ähnlich, nur lenkst du deine Achtsamkeit nicht auf das Feld deines Körpers, sondern auf das Bewusstseinsfeld deiner Beziehungen.

- Setz dich entspannt und aufrecht hin, schließ die Augen und lass deine Gedanken allmählich zur Ruhe kommen.
- Lenk deine Achtsamkeit nun für ein paar Atemzüge auf das Ein- und Ausströmen des Atems, das du an der Nase oder im Bauch besonders gut spüren kannst. Lass es atmen, ohne etwas zu wollen oder zu erzwingen.
- Beginne nun mit der mentalen Übung: Stell dir einen Menschen vor, den du sehr gut kennst. Schau ihn mit deinem inneren Auge an, stell dir vor, dass du ihm gegenübersitzt oder -stehst. Lächle ihm innerlich zu, während du ein- oder zweimal ein- und ausatmest. Dabei kannst du innerlich einen Satz sprechen, wie beispielsweise: »Mögest du glücklich sein« oder »Wir

sind verbunden«. Lenk deine Achtsamkeit kurz auf dein Herz und versuche zu spüren, was dich mit diesem Menschen verbindet – vielleicht taucht eine schöne Erinnerung auf.

- Die Meditation ist sehr einfach: Lass der Reihe nach verschiedene Menschen vor deinem inneren Auge erscheinen. Versuche ein klares Bild von ihnen in deiner Vorstellung entstehen zu lassen. Lächle dem jeweiligen Menschen innerlich kurz zu und wünsch ihm Glück.
- Scanne deine vielfältigen Beziehungen auf diese Weise ab. Überlass es dem Zufall beziehungsweise deiner Intuition, welchen Menschen du jeweils visualisierst. Wähle zwischen Freunden, Familienangehörigen, Arbeitskollegen, Bekannten, Postboten, Verkäuferinnen, Ärztinnen, Lehrern – eben allen Menschen, die dir begegnet sind und an die du dich in diesem Moment erinnerst.

Am besten funktioniert die Meditation, wenn du mühelos zwischen den einzelnen Bildern wechselst. Und natürlich musst du nicht alle Menschen, die du kennst, miteinbeziehen. Geh kreativ mit der Übung um. Vielleicht willst du einmal nur an deine drei oder vier besten Freunde oder Freundinnen denken. Ein andermal springst du von sehr nahen Menschen zu entfernten Bekannten und wieder zurück. Oder du machst den Verbundenheitsscan für eine Gruppe – beispielsweise alle Menschen, die mit deiner Arbeit zu tun haben oder mit der Schule, in die deine Kinder gehen …

Die Regeln sind sehr einfach: Visualisiere immer nur einen Menschen – lass ihn kurz vor deinem inneren Auge erscheinen und schenk ihm ein Lächeln. Das ist alles.

Tag und Nacht

Die Nacht war ziemlich eitel und eingebildet. »Ich habe alle Sterne!«, sagte sie. »Ich hülle die Welt in meinen schwarzseidenen Mantel und wenn ich gnädig bin, lass ich meinen Mond kommen und die Welt erstrahlen!«

Das hörte ein Komet, der vorbeikam. Er lachte, dass es ihn fast aus der Bahn warf, und schüttelte den Kopf, sodass sich alle Astronomen wunderten. »Na, gute Nacht, hast du denn nie von der Sonne und vom hellen Tag gehört?«

»Das sind doch Märchen!«, antwortete die Nacht hochmütig. »Ich habe diesen Tag und diese Sonne noch nie gesehen. Sollen sie doch kommen!«

Der Tag und mit ihm die Sonne kamen tatsächlich. Doch die Nacht war nicht mehr da und sprach bei sich: »Immer wieder reise ich um die Welt und weiß gewiss, dass es Sonne und Tag nur in den Köpfen berauschter Kometen gibt. Ich bin alles!«

Und sie rief den Mond zu sich, der ohnehin gekommen wäre. Er warf ein wenig von dem Licht der Sonne auf den Mantel der eitlen Nacht, aber er stritt nicht mit ihr, da vernünftige Leute wissen, dass Streiten völlig unnötig ist.

Loslassen und zur Ruhe kommen

Wenn du gestresst bist, kannst du nicht lieben. Genauso wenig, wie du dich über den schönen Himmel und die weißen Wölkchen freuen kannst, während du zum Bus hetzt. Damit schöne Blumen wachsen können, brauchst du erst einmal ein gutes Blumenbeet mit fruchtbarer Erde. Und um die Blumen der Güte in dir wachsen zu lassen, brauchst du innere Ruhe und Gelassenheit als Erde.

Wie wir alle wissen, ist es nicht immer leicht, sein Herz zu öffnen. Manche Menschen sind uns so unsympathisch, dass sich unser Herz ganz automatisch verschließt, wenn wir sie treffen oder auch nur an sie denken. Darüber hinaus machen wir aber meistens auch dann dicht, wenn wir überfordert, gestresst oder in Eile sind.

Um tiefes Mitgefühl und echte Verbundenheit erfahren zu können, musst du erst einmal aus dem Antriebsmodus rauskommen. Solange du nämlich von einer Erledigung zur nächsten hetzt, schadest du nicht nur deinen Nerven, sondern verpasst auch das Wesentliche. Mit zusammengebissenen Zähnen und Sorgenfalten auf der Stirn kannst du kein Mitgefühl empfinden.

Liebe ist also erst der zweite Schritt. Der erste besteht darin, loszulassen. Gelassenheit ist die Brücke, die zur liebenden Güte führt, uns von den Kämpfen des Alltags befreit und die Voraussetzungen dafür schafft, dass wir anderen und uns selbst mitfühlend und freundlich begegnen können.

Gelassenheit ist ein wichtiges Thema und ganz entscheidend für unser Glück. Deshalb wurden darüber auch schon viele Bücher geschrieben – unter anderem von uns (siehe Literaturtipps im Anhang). Gelassenheit hängt eng mit Mitgefühl zusammen: Je mitfühlender du bist und je größer dein Herz ist, desto gelassener wirst du auch sein. Und umgekehrt: Je gelassener du bist, umso leichter fällt es dir, liebevoll zu sein.

Gebrauchsanleitung für mehr Gelassenheit

Es gibt Menschen, die sich durch nichts aus der Ruhe bringen lassen, und solche, die sich durch alles und jeden in ihrem Frieden gestört sehen. Ein wenig scheint Gelassenheit also eine Frage der Veranlagung zu sein. Allerdings gibt es auch genug Beispiele von Menschen, die früher sehr nervös und reizbar waren und das heute nicht mehr sind – sei es, weil sie ihren Geist durch Meditation, Yoga oder ähnliche Methoden zur Ruhe bringen konnten, sei es, weil sie einschneidende Erfahrungen gemacht oder auch »einfach nur« ihre Einstellung geändert haben.
Der Zustand unseres Geistes ist keine Glückssache und auch keine Frage der Genetik, sondern vor allem der Selbsterziehung. Klingt das etwas streng? Okay – dann sagen wir's anders: Jeder von uns kann innere Ruhe entwickeln, ebenso wie jeder Mensch ein mitfühlendes Herz kultivieren kann. Letztlich musst du dich nur ein-

fach dafür entscheiden. Und dann solltest du dich immer dann, wenn's brenzlig wird, an deine Entscheidung erinnern.

Im Folgenden findest du ein paar Impulse und Inspirationen, die dir auf dem Weg zu mehr Gelassenheit helfen:

- Gelassenheit hat mit Loslassen zu tun, und das, was wir dabei loslassen sollten, ist unser »Ich« oder besser gesagt die Vorstellung, dass das Leben und die Menschen so sein sollten, wie »Ich« das will. Lass den Dingen ihren Lauf. Versuche, nicht so viel zu ändern. Lehn dich öfter einmal zurück und beobachte, ohne einzugreifen.
- Weniger ärgern, öfter wundern: Auf unfreundliche und unverschämte Mitmenschen müssen wir nicht mit Ärger oder Aggression reagieren. Wir können auch einfach nur über ihr Verhalten staunen. »Sieh an – so etwas gibt es auch.« Und wenn wir uns wundern, sind wir dabei offen genug, um uns vielleicht auch zu fragen, was den anderen wohl dazu veranlasst haben mag, dumme oder gemeine Sachen zu tun oder zu sagen. Vermutlich ist es sein eigenes Leiden, denn glückliche Menschen bereiten anderen keine Probleme.
- Mach lieber Mücken aus Elefanten als umgekehrt. Die Dinge »sind« so, wie du sie bewertest. Eine Katastrophe wird erst dann zur Katastrophe, wenn du sie so bezeichnest. Von den großen und dramatischen Katastrophen mal abgesehen, sind die meisten Dinge, die

uns unsere Gelassenheit rauben, meist eher Mücken als Elefanten.

- Vergiss es! Nachtragend zu sein lohnt sich nicht. Der Mensch, dem du dadurch am meisten schadest, bist du selbst. Tragen ist anstrengend, nachtragen auch.
- Tritt einen Schritt zurück: Statt sofort gewohnheitsmäßig zu reagieren, ist es hilfreicher, einmal genauer hinzusehen. Liebevolle Achtsamkeit ist hier das beste Heilmittel. Statt mit rotem Kopf herumzubrüllen, kannst du starke Emotionen als Gelegenheit nutzen: Nimm dir einen Atemzug Zeit. Lenk deine Achtsamkeit auf deinen Körper. Welche Muskeln sind gerade angespannt? Wie ist deine Körperhaltung? Und achte auch einmal darauf, wie sich dein Atem verändert, wenn du wütend, verzweifelt oder gestresst bist.
- Tief ausatmen hilft nicht immer, aber doch erstaunlich oft. Wann immer du das Gefühl hast, die Nerven zu verlieren: Atme einmal ein und dann tief und langsam durch den Mund aus. Gib deinem Gehirn durch die lange Ausatmung das Signal, dass du jetzt loslassen willst. Erlaube dir, nicht zu reagieren, sondern Ruhe zu bewahren. So einfach diese Technik scheint, so wirkungsvoll kann sie sein. Probier es einfach aus – je öfter, desto besser.

Ist das so?

Der berühmte Zen-Meister Hakuin war weithin für sein makelloses, tugendhaftes Leben bekannt, und es kamen täglich Schüler, um von ihm unterwiesen zu werden. Die Nachbarn des Meisters hatten eine Tochter, die gerade zu ihrer weiblichen Blüte heranreifte – und zwar zu einer besonders lieblichen Blüte, die viele Verehrer anzog. Sie aber gab sich zurückhaltend. Und doch war eines Tages nicht mehr zu übersehen, dass das Mädchen schwanger war.

Die Eltern, die sich einen reichen, angesehenen Schwiegersohn gewünscht hatten, waren empört und verlangten, sofort den Namen des Vaters zu erfahren. Doch das Mädchen weigerte sich lange. Nach einigen Stunden ununterbrochener strenger Befragung murmelte sie schließlich: »Meister Hakuin.«

Voller Wut liefen die Eltern zu ihrem berühmten Nachbarn und machten ihm Vorhaltungen. »Ihr wollt tugendhaft sein? Ein Heuchler seid ihr! Man muss die Leute vor Euch warnen!«

Meister Hakuin hörte sich die Vorwürfe an und sagte nur: »Ist das so?«

Als die Nachbarstochter ihr Kind gebar, nahmen es ihr die Eltern sofort weg und brachten es geradewegs zu Hakuin.

Der hatte mittlerweile kaum noch Schüler, da das Gerücht, der Meister habe die Nachbarstochter verführt, die Runde gemacht hatte. Meister Hakuin nahm das

Kind und kümmerte sich wie eine Mutter darum. Nun liefen auch noch die drei übrig gebliebenen Schüler weg. Meister Hakuin aber hegte und pflegte das Kind so liebevoll, dass nun auch noch der Letzte überzeugt davon war, dass Hakuin tatsächlich der Vater war.

Nach einem Jahr aber sehnte sich die Nachbarstochter so sehr nach ihrem Kind, dass sie Mutter und Vater anflehte, es wieder zu sich nehmen zu dürfen – und sie verriet, wer der wirkliche Vater sei: der Sohn des Schmieds.

Die Eltern vergaben ihrer Tochter, waren mit dem Sohn des Schmieds als Schwiegersohn nicht zufrieden, aber auch nicht völlig unzufrieden, und gingen mit gesenkten Köpfen hinüber zu Meister Hakuin. Sie übergaben Geschenke, verbeugten sich tief und oft und baten um Verzeihung.

Meister Hakuin sagte nur: »Ist das so?« und übergab ihnen ihren Enkel.

Die Welt bunt sein lassen

Ob wir nun wollen oder nicht – die Welt ist bunt. Ebenso wie die vielen verschiedenen Instrumente den harmonischen Zusammenklang im Orchester erst ermöglichen, macht die Vielfalt der Arten unser Leben auf der Erde erst möglich. Die Natur liebt keinen Einheitsbrei; sie hat kein Interesse daran, dass alle Bäume oder Blumen gleich aussehen. Was für ein Glück! Und so verschieden alle Lebewesen sind, so einzigartig ist auch jeder einzelne Mensch.

Wer wie du Bücher über Mitgefühl liest, hat damit sicher kein Problem – im Gegenteil. Doch wer wie du Bücher über Mitgefühl liest, der wird natürlich auch ganz genau wissen wollen, wie er liebevolle Achtsamkeit konkret umsetzen kann. Weshalb wir hier zum Thema Toleranz kommen, denn sie ist der Schlüssel zu mehr Verbundenheit und innerem Frieden.

Eine Gemeinschaft kann nur dann lebendig und wandlungsfähig bleiben, wenn sie Verschiedenheit akzeptieren kann. Und auch wir selbst bleiben nur lebendig und flexibel, wenn wir damit klarkommen, dass es nun mal sehr viele unterschiedliche Möglichkeiten zu leben, zu essen, zu beten, sich zu kleiden und sich zu entfalten gibt. In einem großen Herzen ist sehr viel Platz. Je größer dein innerer Raum ist und je offener du bist, desto leichter fällt es dir, andere Menschen mit all ihren Besonderheiten und Eigenheiten zu akzeptieren – und zwar nicht »wohl oder übel«, sondern mit einem Lächeln, das von Herzen kommt.

Tolerant zu sein heißt, dass wir duldsam, großzügig, weitherzig und nachsichtig sind. Ist das viel verlangt? Eigentlich nicht, denn in unserem innersten Wesen sind wir das alles schon längst. Kleine Kinder sind offen und neugierig auf alles, was andere anders machen. Die Toleranz wird ihnen jedoch schnell aberzogen – zum Beispiel durch die Ansichten und Werte ihrer Eltern, die sie früh nachzuahmen beginnen. Wenn wir uns wieder mehr öffnen wollen, müssen wir uns zuvor von alten Programmierungen und Einflüssen durch Eltern, Freunde und die Gesellschaft befreien. Wir müssen lernen, »selbst zu sehen«, wie Buddha es nannte. Und leider kann das ganz schön schwierig sein, denn dazu müssen wir uns von Meinungen befreien, die wir irgendwann unreflektiert übernommen haben, inzwischen aber voll und ganz als »meine Meinung« ansehen.

Toleranz ist keine Frage von Moral oder Anstand, sondern hat einen ganz konkreten Nutzen: Wenn du offenherzig bist, kannst du leichter mit anderen in Kontakt treten, kannst besser über Probleme oder schwierige Themen reden und Konflikte schneller lösen. Und das ist die Voraussetzung für harmonische Beziehungen. Darüber hinaus lernst du aber auch deinen eigenen Standpunkt und deine eigenen Stärken und Schwächen besser kennen. Nicht zuletzt erspart dir eine tolerante Einstellung eine Menge Ärger und Stress, denn sie ist ja auch eine Form der Gelassenheit. Ebenso wie Gelassenheit führt auch Toleranz zu Verständnis und innerem Frieden.

Vielleicht kann man es mit der Toleranz auch übertreiben. Es gibt ja Dinge, die wir nicht mehr akzeptieren können und sollten. Oder wie Karl Popper so schön sagt: »Im Namen der Toleranz sollten wir uns das Recht vorbehalten, die Intoleranz nicht zu tolerieren.«

Tolerant zu sein bedeutet nicht, dass wir alle Ungerechtigkeiten, die geschehen, lächelnd akzeptieren sollten. Auch Buddha hat sich gegen schädliches Verhalten ausgesprochen und beispielsweise Drogen-, Waffenhandel oder das Töten anderer Lebewesen klar abgelehnt. »Toleranz für Fortgeschrittene« besteht dann darin, Unrecht zu erkennen und zu versuchen, es zu beheben, ohne dabei das Mitgefühl zu verlieren und das Herz zu verschließen. Ohne Übung ist das allerdings schwierig.

Reflexion: Die vier Säulen der Toleranz

Toleranz, Offenheit und Akzeptanz lassen sich üben, und das ist auch sehr empfehlenswert, da du umso zufriedener, gelassener und heiterer sein kannst, je toleranter du bist. Dazu gibt es eine konkrete Kurzmeditation beziehungsweise ein Mantra, das wir dir am Ende dieses Kapitels zeigen werden. Im Folgenden wollen wir dir aber zunächst vier Prinzipien nahelegen, die dir mitten im Alltag helfen können, die Ruhe zu bewahren und öfter mal ein Auge zuzudrücken. Das ist vor allem dann wichtig, wenn du Leute triffst, die eine ganz andere Meinung, eine andere Einstellung oder einfach nur einen ganz anderen Geschmack haben als du.

1. **Hör genau zu:** Im Zuhören lässt sich liebevolle Achtsamkeit immer wieder sehr gut üben. Wer nicht »trainiert«, bewusst zuzuhören, ist mit seinen Gedanken meist immer schon bei seinen eigenen Argumenten, bevor sein Gegenüber überhaupt ausgesprochen hat.

   Jeder Mensch hat das Recht auf seine persönliche Meinung. Der erste Schritt zu mehr Toleranz besteht darin, den anderen sprechen (und auch ausreden) zu lassen. Der zweite darin, zu verstehen, worum es ihm wirklich geht. Und da wir dazu auch zwischen den Zeilen lesen müssen, sollten wir nicht nur den Worten, sondern auch den dahinter verborgenen Emotionen lauschen. So können wir am leichtesten Verständnis entwickeln. Und falls wir mal gar keinen Sinn in dem erkennen können, was der andere meint, dann sollten wir uns daran erinnern, dass Meinungen nur Meinungen und Gedanken nur Gedanken sind.
2. **Bleib offen:** Du bist viel mehr als deine Meinungen oder dein Geschmack. Öffne dein Herz, verschließe dich nicht. Lass andere anders sein. Und entspann auch dein Gesicht, deine Schultern und Hände, wenn

es dir schwerfällt, den anderen zu akzeptieren. Solange dein Körper nämlich verspannt ist, ist es auch unmöglich, innerlich aufzumachen.

3. **Gesteh dir deine Unsicherheit ein:** Wenn du einen anderen Menschen, eine andere Ansicht oder einfach nur ein fremdes Aussehen total ablehnst, solltest du einmal erforschen, ob du nicht vielleicht Angst vor dem anderen hast. Hinter Ablehnung und Ärger verbirgt sich nämlich sehr oft Angst. Es ist vollkommen okay, Angst zu haben – allerdings nur, wenn wir auch wissen, was uns da reitet. Und manchmal – und vielleicht öfter, als du glaubst – ist es auch vollkommen okay, dem anderen offen und freundlich zu sagen, dass du verunsichert bist, weil du nicht weißt, wie du mit seiner Meinung oder seinem Auftreten umgehen sollst.
4. **Drück ein Auge zu:** Dein Gesprächspartner redet offensichtlich Quatsch? Er bringt Fakten durcheinander oder seine Ansichten widersprechen so ziemlich all deinen Werten? Tja, da kann man nichts machen. Erfahrungsgemäß wirst du seine Meinung nicht ändern können – weder wenn du ihn eines »Besseren« belehrst noch wenn ihr zu streiten beginnt. Aber du kannst ihn mit freundlicher Achtsamkeit betrachten, dir darüber klar werden, dass auch er Bedürfnisse und Ängste hat, ihn nicht abwerten und verurteilen und ihn, da du ihn nicht ändern kannst, einfach so sein lassen, wie er ist. Streit und Belehrungen verstärken seine Ansichten nur. Immer ist es dann das Beste, sich nicht mit seinen eigenen Meinungen zu

identifizieren und kein Drama daraus zu machen. Besser, du drückst ein Auge zu und übst dich in Gelassenheit.

Meditation: »Auch das darf da sein«

Die folgende Meditation ist eigentlich eher ein Mantra – ein mitfühlender Satz, den du dir innerlich immer wieder vorsagen solltest, wenn du merkst, dass du eine ablehnende Haltung einnimmst. Der Satz ist ganz einfach. Er lautet: »Auch das darf da sein.«

Bei dieser Übung geht es darum, jedem Menschen mit bedingungsloser Akzeptanz zu begegnen, sofern seine Worte und Handlungen niemand anderen direkt verletzen.

Seltsame Ansichten? Ein Verhalten, das dir gegen den Strich geht? Andere Gewohnheiten? Eine geschmacklose Frisur? Furchtbare Klamotten? Eine Warze auf der Nase? Na, und wenn schon! Lass es los! Die Welt ist bunt. Gib ihr auch innerlich die Erlaubnis für all ihre Farben: »Auch das darf da sein.«

Die Haltung der radikalen Akzeptanz erfordert, jede Erfahrung bedingungslos anzunehmen. Für Menschen, die wenig Übung im Loslassen haben, kann das sehr schwer sein. Doch keine andere Praxis kann dir in so kurzer Zeit Gelassenheit und inneren Raum schenken und dich so schnell von Festhalten und Anklammern und damit von Stress befreien.

Das Mantra »Auch das darf da sein« befreit dich aus der Einseitigkeit deines Blickwinkels, der wie alle Blickwinkel naturgemäß begrenzt sein muss. Das eröffnet dir neue Möglichkeiten für neue Erfahrungen.
In Form einer Meditation kannst du Situationen visualisieren, die bei dir in der Vergangenheit Intoleranz und Abwehr erzeugt haben. Denk dann den Satz »Auch das darf da sein« und beobachte, wie sich deine Gefühle verändern. Wie hätte sich die Konfliktsituation wohl entwickelt, wenn du schon damals radikale Akzeptanz praktiziert hättest?
Vielleicht möchtest du dir diesen Satz auch aufschreiben und gut sichtbar auf den Schreibtisch, ins Bad oder ins Auto legen. Je öfter du ihn wiederholst, desto stärker wirkt er.
Toleranz ist ein Geschenk, das du nicht nur anderen, sondern auch dir selbst machen solltest. Zum Beispiel dann, wenn du Eigenschaften oder Charakterschwächen an dir ablehnst und dich dadurch mies fühlst. Aber auch wenn du Dinge, die du gesagt oder getan hast, bereust, da du sie eigentlich besser nicht gesagt oder getan hättest, wirkt das Mantra »Auch das darf da sein« sehr befreiend. Und es bietet dir eine einfache Möglichkeit, auch dir selbst gegenüber nachsichtig und weitherzig zu sein.

Milarepa und der alte Träger

Milarepa, der berühmte Lehrer, suchte viele Jahre nach Erleuchtung und wanderte von Ort zu Ort. Eines Tages begegnete ihm auf einem steilen Bergweg ein alter Mann, der ihn gütig anlächelte. Der Mann trug einen schweren Sack über der Schulter. Milarepa konnte nicht sagen, warum, doch er hatte mit einem Mal das Gefühl, dass dieser Alte ihm etwas Wichtiges über das Geheimnis der Erleuchtung mitteilen könnte. So verbeugte er sich ehrfürchtig vor dem Alten und sprach: »Ehrwürdiger Herr, könnt Ihr mir etwas über die Erleuchtung sagen?«

Der Mann sah Milarepa mitfühlend an und ließ seinen Sack von den Schultern gleiten.

Milarepa lachte und verstand. »Habt Dank, Meister, für Eure Antwort. Darf ich so frech sein und eine weitere Frage stellen? Was kommt nach der Erleuchtung?«

Erneut lächelte der Alte, hob sich den Sack wieder auf die Schultern und ging weiter seinen Weg.

Das Geheimnis der Dankbarkeit

Das Geheimnis der Dankbarkeit ist ganz einfach: Es ist nicht das Glück, das dich dankbar macht, sondern die Dankbarkeit, die dich glücklich macht.

Warte nicht auf den Traumjob, den Traumpartner, das Traumhaus oder die Erfüllung sonstiger Träume. Es laufen eine Menge Leute herum, die all das schon haben und trotzdem weder ein »Danke« über die Lippen bringen noch Freude im Herzen tragen. Ein schönes Haus oder hohe Aktiengewinne zu haben ist das eine – Dankbarkeit zu empfinden und die Dinge, die wir oft als allzu selbstverständlich ansehen, wertzuschätzen, ist jedoch etwas ganz anderes.

»Sag schön Danke!« – den Satz haben viele von uns früher von ihren Eltern zu hören bekommen. Aber oft haben wir dabei nur eines gelernt: Dankbarkeit zu heucheln. Die Kraft der Dankbarkeit hat jedoch nichts mit richtigem Betragen oder damit zu tun, anderen oder sich selbst etwas vorzuspielen. Wer achtsam ist und sich mitfühlend verhält, wird immer das Richtige tun. Sanftmütige Menschen müssen gar nicht erst darüber nachdenken, was anständig ist oder »was sich gehört« – sie tun sowieso immer genau das, was angemessen und richtig ist.

Um wirklich dankbar sein zu können, musst du lernen, dein Herz zu öffnen: Erst wenn du erkennst, dass die Dinge, die du in deinem Leben für selbstverständlich gehalten hast, genau das ganz und gar nicht sind, wenn du deine Erwartungen loslässt und deinen Geist darin schulst, dich auf das Schöne um dich herum zu konzentrieren, dann kannst du echte Dankbarkeit entwickeln.

Liebe, Dankbarkeit und Achtsamkeit bedingen und fördern sich gegenseitig. Du kannst nicht gütig sein, ohne dabei tiefe Dankbarkeit zu empfinden. Du kannst kein Mitgefühl entwickeln, wenn du nicht auch achtsam bist.

Und du wirst auch nicht dankbar sein, solange du nicht zugleich liebevoll und achtsam bist.

Es gibt interessante Studien zu den Wirkungen von Dankbarkeit. Glücksforscher haben beobachtet, was passiert, wenn ihre Versuchsteilnehmer jeden Abend vor dem Schlafengehen ein Dankbarkeitstagebuch führen, in dem sie nur einige wenige Dinge notieren, für die sie heute dankbar gewesen sind. Dass sich die Teilnehmer schon nach kurzer Zeit besser fühlten, hatte man erwartet; dass Dankbarkeit aber darüber hinaus sogar dazu beitragen konnte, Depressionen entgegenzuwirken, war für die Forscher überraschend.

Jedes Mal, wenn du dankbar bist, legst du einen Schalter in dir um. Statt innerlich »Nein« oder »Ich weiß nicht recht« zu Situationen oder Menschen zu sagen, öffnest du dich für das Schöne um dich herum und findest zum Ja. Und das alles durch ein so simples Wort wie »Danke«. Ist das nicht erstaunlich? Dankbarkeit verändert deine Stimmung schlagartig. Meister Eckhart schrieb einmal: »Wäre das Wort Danke das einzige Gebet, das du jemals sprichst, so würde es genügen.«

Falls du oft unzufrieden bist, solltest du überlegen, ob das vielleicht daran liegen könnte, dass du zu selten Dankbarkeit empfindest. Die folgenden beiden Übungen helfen dir dabei, dich mehr und mehr für das Schöne in deinem Leben zu öffnen und Dankbarkeit zu kultivieren.

Dankbar sein für das, was war

Diese kleine Dankbarkeitsübung ist sehr einfach und auch besonders effektiv. Besorg dir einen Notizblock und schreib »Dankbarkeitstagebuch« auf die erste Seite. Überleg dir abends im Bett oder kurz bevor du schlafen gehst, was du heute erlebt hast, für das du dankbar sein kannst. Schließ die Augen und lass den Tag im Geist noch einmal kurz Revue passieren. Denk an verschiedene Situationen, Begegnungen oder Erlebnisse zurück, als wären es kleine Filmszenen. Und während du diesen »Tagesfilm« in dir ablaufen lässt – denk an fünf Dinge, für die du dankbar bist, die du dann kurz notierst.

Da es bei dieser Übung nur darum geht, deinen Blick für das Schöne in deinem Leben zu schärfen, ist es überhaupt nicht wichtig, besonders tolle oder großartige Dinge zu finden, die du erlebt hast. Um die Freude in deinem Herzen zu wecken, braucht es keine Highlights. Erinnere dich an ganz gewöhnliche Sachen – daran, dass du einen Latte Macchiato mit einer netten Freundin getrunken hast, dass das Wetter schön war, dir dein Mittagessen geschmeckt hat, dass andere Menschen freundlich zu dir waren ...

Oder mach dir Dinge bewusst, für die wir alle eigentlich jeden Tag dankbar sein müssten, obwohl wir sie gar nicht mehr wahrnehmen – zum Beispiel, dass du heute genug zu essen hattest, dass fließendes Wasser aus der Leitung kommt oder dass du in einem Land lebst,

in dem du deine Meinung haben und sagen darfst, ohne dafür eingesperrt zu werden.
Versuche nach ein paar Tagen, die Anzahl der Dinge, für die du dankbar warst, von fünf auf zehn zu steigern. Beobachte, wie sich diese einfache Praxis auf deine Gefühle und Stimmungen auswirkt. Und beobachte auch, wie dein Blick für das Schöne, das jeden Tag passiert, mit der Zeit klarer und dein Herz immer weiter wird.

Dankbar sein für das, was ist

Um Dankbarkeit zu empfinden, musst du natürlich nicht bis zum Abend warten. Es gibt noch eine andere, sehr direkte Methode, dein Herz für die Dankbarkeit zu öffnen – sie besteht darin, immer genau dann, wenn etwas Schönes passiert oder du etwas Wertvolles beobachten kannst, dankbar zu sein.
Das Leben hält viele Geschenke für uns bereit. Doch wenn wir sie nicht auspacken, ist es kein Wunder, dass wir unzufrieden sind. Für diese Dankbarkeitsübung brauchst du Achtsamkeit. Ohne sie übersiehst du die vielen kleinen Dinge, die wertvoll sind – den Schatten an einem heißen Sommertag, die Blumen im Park, die Farben des Himmels, das Lachen der Kinder auf der Schaukel, die frischen Brötchen auf deinem Frühstückstisch ...
Betrachte die Welt mit den Augen der Dankbarkeit. Lass die kleinen Geschenke des Alltags zu einer Quelle der

Freude werden und lenk deine liebevolle Achtsamkeit auf die vielen Details, die jeweils jetzt und hier da sind.

Wind und Stein

Zwei Freunde, Tenzin und Jinpa, machten sich auf eine lange Reise. Sie wollten die Welt jenseits des Himalaja sehen und vielleicht ein wenig Weisheit gewinnen.

Nun aber wanderten sie bereits zwei Tage durch das Gebirge, hatten Hunger und ihre Beine taten ihnen weh – und so kam es, wie es oft kommt: Sie begannen zu streiten. Ein Wort gab das andere und schließlich schlug Tenzin Jinpa ins Gesicht.

Jinpa sah Tenzin nur an, dann wandte er sich ab, nahm einen Ast und schrieb in kunstvoll geschwungener Schrift in den Staub: »Hier hat mich mein bester Freund ins Gesicht geschlagen.«

Tenzin sah dies und fühlte sich unglücklich; er bereute, was er getan hatte. Aber er brachte es auch nicht über sich, sich zu entschuldigen. Und so wanderten die beiden schweigend weiter.

Endlich war das Gebirge überwunden und sie näherten sich dem großen Fluss. Sie liefen voller Freude ins Wasser. Doch mit einem Mal stolperte Jinpa und wurde von der Strömung mitgerissen. Ohne zu zögern stürzte Tenzin, der viel besser schwimmen konnte, hinterher. Beide schluckten viel Wasser und wurden von den

Steinen im Fluss ordentlich durchgebläut – doch schließlich gelang es Tenzin, Jinpa ans Ufer zu ziehen.
Nachdem sich Jinpa, der um ein Haar ertrunken wäre, wieder erholt hatte, sah er Tenzin an, wandte sich ab, suchte sich einen harten Stein und ritzte mühevoll in einen Felsen am Ufer: »Hier hat mein bester Freund mir das Leben gerettet.«
Tenzin ging auf Jinpa zu, umarmte ihn und sie waren wieder beste Freunde.
Als sie weitergingen, fragte Tenzin: »Eins verstehe ich nicht. Warum hast du, als ich dich geschlagen habe, nur mit einem Stock in den Sand geschrieben; hier am Fluss aber so mühevoll mit einem Stein in den Felsen?«
Jinpa lächelte. »Nun, ganz einfach. Das Unschöne, Kränkungen und Missgeschicke schreibe ich in den Sand, damit der Wind des Verzeihens alles wieder auslöschen kann. Doch das Gute, Edle und Schöne, das soll Bestand haben und daher ritze ich es in Stein, auf dass der Wind des Vergessens es niemals auslöschen kann.«

Durch Großzügigkeit zu Mitgefühl und Verbundenheit

Großzügigkeit hat viele Aspekte – manche sind offensichtlich, andere sehr viel tiefgründiger. Wenn wir dich jetzt fragen, was du unter einem »großzügigen Menschen« verstehst, wirst du möglicherweise an jemanden – vielleicht sogar einen Bekannten – denken, der spendabel ist, andere gern zum Essen einlädt oder teure Geschenke macht. Das ist zumindest der offensichtlichste Aspekt der Großzügigkeit: die Freigiebigkeit in Bezug auf materielle Dinge. Und die ist wichtig, denn wenn jeder, der die Möglichkeit dazu hat, einen Teil seines Geldes für wohltätige Zwecke spenden würde, könnte dadurch vielen Menschen geholfen werden, denen es sehr viel schlechter geht.

Großzügigkeit geht aber noch weit über reine Spendierfreudigkeit hinaus. Im Buddhismus wird sie als Heilmittel gegen Gier angewendet und gehört zu den sechs Paramitas – den sechs Geisteszuständen, die uns vom Anhaften befreien und uns den Weg zu Glück und innerem Frieden zeigen. Die anderen fünf Paramitas neben der Großzügigkeit sind Geduld, Ausdauer, Konzentration, ethische Selbstdisziplin und Weisheit. Wir können jede dieser sechs Qualitäten im Alltag und in der Meditation entwickeln und dadurch Hindernissen wie Trägheit, Unruhe oder Zerstreuung entgegenwirken.

Großzügige Menschen sind glücklicher und auch deutlich beliebter als Geizkrägen. Buddha lehrte, dass Großzügigkeit eine überaus wirksame Praxis ist, da sie nicht nur anderen zugutekommt, sondern auch uns selbst Freude und Befriedigung schenkt. Wenn wir allerdings auf einem spirituellen Weg sind, sollten wir gar nicht erst danach fragen, was Großzügigkeit »bringt«, wozu Mitgefühl »gut ist« oder was Verbundenheit »nützt«. Wir sind einfach freigebig und gütig, weil das selbstverständlich und die einzige Möglichkeit ist, auf eine weise und sinnvolle Art zu leben.

Wann immer du andere unterstützt, brauchst du nur in dein Herz hineinzuspüren, um sofort zu merken, wie schön sich Großzügigkeit anfühlt. Wohltätig, hilfsbereit und freigiebig zu sein ist zutiefst menschlich. Großzügigkeit und Mitgefühl kann man gar nicht trennen. Wer mitfühlend ist, wird ganz automatisch offen sein, und er wird auch zu geben bereit sein, wo immer ihm das möglich ist.

Wie du sicher bemerkt hast, gibt es nicht allzu viele großzügige Menschen. Wir müssen nicht lange nach Beispielen suchen, um zu sehen, dass Selbstsucht, Gier und Geiz leider sehr viel stärker verbreitet sind als Mitgefühl, Güte und Freigiebigkeit. Das erklärt auch, warum so viele miesepetrige und unzufriedene Menschen herumlaufen. Engherzigkeit fühlt sich nicht nur schlecht an, sie verhindert auch, dass wir etwas an sich sehr Einfaches erkennen: Je weniger wir zu geben bereit sind, desto mehr verarmen wir selbst. Wir verarmen im Geist und im Herzen. Und es ist gar nicht unwahrscheinlich, dass wir durch Geiz sogar finanziell leiden. Auch Geld muss fließen. Verstopfung – und Geiz ist ja im Grunde nichts anderes – führt zu Stau und dazu, dass schließlich gar nichts mehr vorangeht.

In einem interessanten psychologischen Experiment bekamen Teilnehmer eine Geldsumme: Die eine Hälfte der Leute durfte das Geld für sich selbst ausgeben, während die andere Hälfte anderen etwas kaufen sollte. Und jetzt rate mal, welche Gruppe sich beim anschließenden Test als die glücklichere und zufriedenere herausstellte. Genau. Es waren eben nicht diejenigen, die beim Shoppen an sich selbst gedacht haben.

Die Friedensaktivistin Emma Goldman schrieb, dass Kleinlichkeit spaltet und Großzügigkeit verbindet. In der Großzügigkeit spiegelt sich unsere Sehnsucht nach Verbundenheit und Zusammengehörigkeit. Durch Freigiebigkeit können wir über uns selbst hinauswachsen, loslassen und Offenheit, Toleranz sowie liebende Güte kultivieren.

Großzügigkeit als Weg

Großzügig zu sein fällt manchen von uns leicht, anderen sehr schwer. Und manchen fällt es oft schwer, aber manchmal auch leicht. Oder umgekehrt. Doch ganz egal, wo du im Moment stehst: Ebenso wie Mitgefühl lässt sich auch Großzügigkeit üben.

- Kleine Schritte: Du musst nicht gleich dein Haus verschenken. Auch Kleinigkeiten können Ausdruck von Großherzigkeit und Großzügigkeit sein. Was immer du von Herzen gibst, ist wertvoll und wirkt. Und das müssen gar keine materiellen Dinge sein. Du kannst jemandem auch deine Aufmerksamkeit oder etwas von deiner Zeit schenken.
- Du bist schon jetzt großzügig: Wir vergessen leicht all die Momente, in denen wir anderen geholfen, sie getröstet oder unterstützt haben. Erinnere dich öfter mal daran, wie du andere beschenkt hast, oder denk an Augenblicke, in denen du zuvorkommend, freundlich und großzügig warst. Großzügigkeit ist nichts, was du erst lernen musst. Du bist es jetzt schon – aber vielleicht möchtest du ja in Zukunft noch öfter oder einfach nur bewusster großzügig sein.
- Materielle Großzügigkeit: Wenn Menschen in Not sind, ist es manchmal wichtig, ihnen finanziell unter die Arme zu greifen oder ihnen Kleidung, Nahrung oder ein Fahrrad für ihre Kinder zu schenken. Falls du in der glücklichen Lage bist, Bedürftigen materiell helfen zu können, dann verschenke die Dinge auf eine freundliche, respektvolle Weise. Gib niemandem das Gefühl, ein Almosen zu bekommen, sondern bring mit deinem Geschenk eure gegenseitige Verbundenheit zum Ausdruck.

- Liebe schenken: Auch wenn du überhaupt nichts besitzt, kannst du doch großzügig sein – einfach indem du offenherzig bist. Vielleicht kannst du anderen kein Geld geben, aber dafür kannst du ihnen gute Wünsche mit auf den Weg geben. Der tief empfundene Wunsch, dass es anderen gut gehen möge, dass sie glücklich und gesund sein mögen, kann viel mitfühlender sein als jede noch so hohe Überweisung.
- Schutz schenken: Manchmal haben wir die Möglichkeit, Menschen oder Tiere, die in Not sind, zu beschützen. Wann immer es die Situation erfordert, sollten wir damit nicht zögern. Zum Beispiel dann, wenn es darum geht, Hungrigen etwas zu essen zu geben, ein Kind zu trösten, das sich verlaufen hat, oder auch einfach einen Käfer, der nicht mehr aus dem Haus findet, wieder vorsichtig ins Gras zu setzen.
- Achtsamkeit schenken: Eine der schönsten Möglichkeiten, großzügig zu sein, besteht darin, dass wir ganz für andere da sind. Ganz egal, wem wir begegnen – wir können ihm immer unsere volle Aufmerksamkeit schenken und ihm achtsam zuhören. Wir können über seine Fehler hinwegsehen, und vielleicht können wir ihm darüber hinaus sogar ein wenig von unserer Ruhe, Heiterkeit oder Gelassenheit abgeben. Denn nicht nur Gefühle sind ansteckend – auch Gemütszustände übertragen sich auf unsere Mitmenschen. Auch das ist übrigens ein Grund, unseren eigenen Geist von Sorgen, Angst oder Ärger zu reinigen und innere Ruhe zu entwickeln.

Der Lohn des Retters

Ein Prinz ritt gern allein durch den Wald, um die Stille zu genießen und königliche Gedanken zu denken. Nun war das nicht ganz ungefährlich, denn es gab Bären, Wölfe und Räuber im Wald. Doch der Prinz war nicht nur klug, sondern auch mutig. Sei es nun, dass er vielleicht doch nicht ganz so klug oder aber ein klein wenig zu mutig war: Eines Abends fiel er den Räubern in die Hände. Noch bevor er auch nur daran denken konnte, sein Schwert zu ziehen, hatten ihn die Räuber schon vom Pferd geworden und gefesselt. Dann wurden ihm die Augen verbunden und die Räuber brachten ihn in ihr Räuberlager tief, tief im Wald.

So lag der Prinz nun gefesselt in einer Art Stall und sann über die Worte der Räuber nach. »Prinzlein, dein Schwert, deine Juwelen und dein Pferd, die sind eine willkommene Anzahlung. Doch dein Vater, der König, soll uns drei Truhen Gold aus seinem Schatz geben, um wieder in Liebe vereint mit seinem Söhnlein zu sein!« Der Räuber hatte laut gelacht. »Und wenn er uns das Gold nicht geben will, bekommt er dich dennoch zurück: Stück für Stück. Ein prinzliches Ohr, ein Fingerlein …«

Wie man sich wohl denken kann, war dem Prinzen bei diesen Worten nicht gerade wohl zumute. Zumal, da er wusste, dass sein Vater, der König, nicht nur über die Ebbe in seiner Schatzkammer jammerte, sondern im Alter auch immer knausriger wurde. Womöglich bedurfte es einiger prinzlicher Körperteile, bevor er bereit war, sich von so viel Gold zu trennen. Der Prinz beklagte seinen Leichtsinn. Aber wie es ja fast immer der Fall ist, brachte das Klagen herzlich wenig.

Die Räuber zechten, feierten und grölten alldieweil und feierten ihren kommenden Reichtum. Das Grölen und Feiern dauerte bis tief in die Nacht; dann wurde es still und nur das Schnarchen der betrunkenen Räuber tönte durch den Wald. Doch der Prinz schlief nicht. Er zerrte an seinen Fesseln, jetzt hätte er vielleicht die Möglichkeit zu fliehen. Aber die Räuber verstanden etwas vom Knotenknüpfen und der Prinz zappelte vergebens.

Mit einem Mal hörte er ganz leise gedämpfte Schritte – und ein altes Männlein in einer braunen Kutte trat aus dem Wald. Der Prinz wollte rufen, doch die Räuber hatten ihm einen Knebel in den Mund geschoben. Der Alte trat jedoch geradewegs zum Prinzen, zog ein Messer und durchschnitt den Knebel und die Fesseln. Der Prinz wollte sich bedanken, doch der Alte legte den Finger an die Lippen und bedeutete ihm, zu folgen.

Der Alte sprach kein Wort, sondern schritt schnell voran, viel schneller, als der Prinz es von einem alten Mann erwartet hätte. Der Prinz begann schon zu keuchen und zu schwitzen, da erreichten sie den Waldrand.

»Nun, lieber Herr«, sprach der Alte. »Hier solltet Ihr sicher sein. Ich muss nun weiter meinen Weg gehen.«

»Aber halt, mein Retter!«, rief der Prinz. »Wer bist du? Wie ist es dir gelungen, mich zu befreien? Du

sollst einen hohen Lohn empfangen – denn ich bin der erste Sohn des Königs!«

»Ach was«, sagte der Alte. »Ich bin nur ein einfacher Pilger. Ich habe gesehen, wie Euch die Räuber gefangen nahmen, ich folgte ihnen, schnitt Euch los und führte Euch aus dem Wald.«

»Du hast deinem zukünftigen König das Leben gerettet – wünsch dir, was du willst. Wenn es irgendwie in meiner Macht steht, werde ich deinen Wunsch erfüllen.«

Der Alte verbeugte sich und lächelte. »Ach Prinz, ich habe keine Belohnung verdient – ich habe nur meine Pflicht erfüllt. Auch ich wurde einst aus großer Gefahr gerettet, und mein Retter forderte nur eines: dass auch ich zehn Menschen in Not helfen würde und sie darum bitten würde, dass auch sie wieder zehn Menschen helfen. So wird sich das Gute im Land verbreiten.«

Der Prinz kniete vor dem Alten nieder, dankte ihm nochmals aus ganzem Herzen und versprach, das Gelübde zu erfüllen: Auch er würde zehn Menschen helfen und das Gelübde weitergeben. Dann bat er den Alten, ihm doch als Freund und Ratgeber auf das Schloss zu folgen. Aber der Alte schüttelte den Kopf. »Ihr seid erst der Siebte, dem ich helfen konnte. Ich muss also weiterziehen.«

Einige Jahre später wurde der Prinz König. Seine Untertanen nannten ihn »den Gütigen«. Das Land blühte auf und die Regentschaft ging als ein goldenes Zeitalter in die Geschichte ein, ein Zeitalter, in dem alle Menschen allen anderen halfen.

Die Welt berühren

Achtsame Berührungen sind die direkteste Möglichkeit, Liebe zu geben und Liebe zu empfangen. Nur durch Berührung kann Verbundenheit entstehen. Berührungen sind wie Brücken, die dein Herz mit der Welt und dein Inneres mit dem Außen verbinden. Doch dieser Austausch zwischen Innen und Außen birgt auch Gefahren: Wir schreiben dieses Buch in einer Zeit, in der körperliche Berührungen nur noch sehr eingeschränkt möglich sind. Aus medizinischer Sicht ist das auch überaus sinnvoll, um uns und unsere Mitmenschen vor Ansteckung zu schützen.

Auf der anderen Seite ist körperliche Berührung für uns essenziell. Jeder Mensch sehnt sich danach, berührt zu werden. Ob zwischen Mutter und Kind, zwischen Paaren, Verwandten oder Freunden: Berührungen verbinden uns miteinander, sie trösten uns, schenken uns Wärme und Vertrauen. Ein mitfühlender Körperkontakt bringt unser Herz zum Strahlen, und schon in einer kurzen Umarmung kann sich die Magie der Berührung entfalten. Du kannst deine Liebe zu anderen Menschen fließen lassen – einfach nur dadurch, dass du sie liebevoll und achtsam berührst. Berührungen wirken heilend, denn Streicheleinheiten für den Körper sind immer auch Streicheleinheiten für die Seele.

Solange die Corona-Pandemie noch wütet, müssen wir dennoch vielfach darauf verzichten, uns in die Arme zu nehmen, uns die Hand zu geben oder auch nur nahe beieinander zu sitzen. Das ist sehr schade, aus spiritueller Sicht jedoch keine Katastrophe. Berührung ist nämlich sehr viel mehr als körperlicher Kontakt. Die Güte, die von Herzen kommt, wirkt auch ganz ohne Körperkontakt. Du kannst dein Mitgefühl durch Worte zum Ausdruck bringen und sogar auf digitalen Wegen in die Welt schicken. So ist es über das Internet möglich, mit Menschen verbunden zu bleiben, selbst wenn sie weit weg sind. Über Videokonferenzen kannst du Freundlichkeit und Offenheit auch durch deine Stimme oder sogar durch das Strahlen in deinen Augen zum Ausdruck bringen und andere dadurch in ihrem Innersten berühren.

Berührung ist in erster Linie Austausch. Und der findet nicht nur über die Haut statt. Auch mit deinen Sinnen berührst du die Welt und wirst von ihr inspiriert. Deine Augen werden von den Farben und Formen, die Ohren von den Klängen, deine Nase von den Düften berührt … Jede Berührung – auch im weitesten Sinne – bietet dir die Möglichkeit, dich achtsam und wohlwollend mit der Welt zu verbinden, in der du lebst. Diese Möglichkeit solltest du so oft es geht nutzen: Je mehr du dich nämlich öffnest, je mehr du spürst, siehst und lauschst, desto lebendiger und mitfühlender wirst du sein. Und das fühlt sich nicht nur wunderbar an, sondern es verleiht deinem Leben auch viel Sinn.

Berühre andere und lass dich berühren – aber tu es auf eine wache, mitfühlende und achtsame Weise.

Reflexion: Was berührt dich?

In jedem Augenblick wirst du von der Welt berührt, auch wenn dir das wahrscheinlich nur sehr selten bewusst wird. Was »berührt« dich in deinem Inneren?

- Eine Mozartsinfonie? Eine Rockballade?
- Die Farben der Blumenwiese oder des Sonnenuntergangs über den Bergen?
- Der Duft von Kaffee, der aus der Küche strömt?
- Der Wind, den du beim Radfahren auf deiner Haut spürst?
- Die Worte eines Dichters oder einer Schriftstellerin?
- Die Stimme eines guten Freundes am Telefon?
- Die Sonne, die dir am Badesee den Rücken wärmt? ...

Lass dich berühren – deinen Körper, deine Gefühle, deinen Geist. Mach dir die vielen Berührungen bewusst und genieße sie mit allen Sinnen, denn das ist eine wundervolle Art, gut für dich selbst zu sorgen und deinem Herzen etwas Gutes zu tun.

Reflexion: Was berührst du?

Die Art und Weise, wie du die Dinge in deinem Leben berührst, ist entscheidend für dein Glück. In jeder noch so banal erscheinenden Berührung kannst du liebevolle Achtsamkeit praktizieren. Das hat nichts damit zu tun, was du tust, sondern einzig damit, wie du es tust. Was kannst du auf eine Art berühren, die dich für die Welt und ihre Schönheit öffnet?

- Omas Porzellangeschirr, das du aus der Küche holst, um es für deine Gäste auf den Tisch zu stellen?
- Die Katze auf deinem Schoß, die du streichelst?
- Das Kind oder den Freund, den du durch deine tröstenden Worte berührst?
- Die Wiese, über die du barfuß läufst?
- Deinen Bauch, auf den du deine Hände legst, um deinen Atem zu spüren?
- Die alte Frau, die du auf der Straße mit deinem Lächeln berührst?
- Die Paprika, die du auf deinem Küchenbrettchen in Streifen schneidest?

Ob du andere körperlich oder aber mit deinen Augen, deinen Worten oder deinem Mitgefühl berührst – tu es mit deiner ganzen Aufmerksamkeit. Lass die Berührung und die Verbundenheit, die dadurch entsteht, zur wichtigsten Sache in deinem Leben werden. Und lass auch den Menschen, dem du hier und jetzt begegnest, immer zum wichtigsten Menschen in deinem Leben werden. Neige dich deinem Leben zu und berühre die Welt mit deinem Herzen.

Das unsichtbare Königskind

Ein weiser König wurde allmählich alt und hatte noch keinen Nachkommen. Daher machte er sich Sorgen um die Zukunft des Landes und überlegte lange, wie er einen würdigen Nachfolger finden könnte, der das Land weise lenken würde. Noch viel mehr sorgte er sich außerdem darum, dass die Menschen im Land Güte und Mitgefühl pflegten.

Eines Tages gab es großen Jubel im Land. Die Königin, so hieß es, sei nun doch noch schwanger geworden! Das ganze Volk war neun Monate lang gespannt, ob es nun einen Prinzen oder eine Prinzessin geben würde – die später der König oder die Königin werden würde. Alle hofften, dass das Kind so weise und gut wie der alte König sein würde, denn der war bei allen Menschen im Land beliebt. Aber jeder wusste zugleich, dass das ein seltener Glücksfall war. Manche Könige waren Tyrannen, andere hochmütig und stolz und kaum einem lag etwas am Volk.

Wie groß war nun das Erstaunen, als der König verkünden ließ, das Kind sei geboren – doch er würde es bei einer einfachen Familie im Volk aufwachsen lassen, damit es die Sorgen und Nöte des Volkes verstünde, wenn es dereinst den Thron bestiege.

Eine Weile rätselten die Menschen und sahen jedes kleine Kind forschend an. Doch das Geheimnis offenbarte sich nicht. Und so lebten sie weiter wie bisher, doch sie behandelten vorsichtshalber alle Kinder mit großer Liebe und Güte. Jedes Kind wurde als ein Königskind betrachtet. Und so wuchsen im Volk Liebe, Mitgefühl und Güte.

Und der alte weise, in Wahrheit noch immer kinderlose König lächelte, denn er wusste, dass sich, wenn er einst stürbe, sicherlich ein würdiger Nachfolger finden würde.

Mögest du glücklich und geborgen sein.
Mögest du in Leichtigkeit leben.
Mögest du friedvoll sein.
Möge dein Herz weit geöffnet sein
für alle Wesen und für dich selbst.

Wir freuen uns über Feedback, Mails, Anregungen, Erfahrungen … Besuch uns doch einfach unter www.longschweppe.de oder auf Instagram unter longschweppe.

Literaturtipps

Eine Auswahl weiterer Bücher der Autoren

Die 7 Geheimnisse der Schildkröte. Den Alltag entschleunigen, das Leben entdecken (Heyne, München 2010)

Karma. Die Gebrauchsanleitung, damit das Schicksal macht, was SIE wollen (Heyne, München 2011)

Füttere den weißen Wolf. Weisheitsgeschichten, die glücklich machen (Kösel, München 2016)

Bao und das Geheimnis der Gelassenheit. Wie Sie achtsam und entspannt durchs Leben kommen (Heyne, München 2017)

Die Bucht am Rande der Zeit. Roman (Kailash, München 2017)

Affen im Kopf. Mentale Gelassenheitsstrategien für einen ruhigen Geist (mvg, München 2020)

Der Kaufmann und der Rinpoche. Leben, Sterben und dazwischen. Roman (Diederichs, München 2020)

Und noch ein paar Bücher anderer Autoren

Fredrickson, Barbara: Die Macht der guten Gefühle (Campus, Frankfurt 2011)

Goldstein, Joseph: Vipassana-Meditation. Die Praxis der Freiheit (Arbor, Freiburg 2006)

Goleman, Daniel: Soziale Intelligenz. Wer auf andere zugehen kann, hat mehr vom Leben (Droemer, München 2017)

Jinpa, Thupten: Mitgefühl. Offen und empathisch sich selbst und dem Leben neu begegnen (O. W. Barth, München 2016)

Kornfield, Jack: Das weise Herz. Die universellen Prinzipien buddhistischer Psychologie (Arkana, München 2008)

Kornfield, Jack: Meditation für Anfänger + CD mit sechs geführten Meditationen (Arkana, München 2007)

Neff, Kristin: Selbstmitgefühl. Wie wir uns mit unseren Schwächen versöhnen und uns selbst der beste Freund werden (Kailash, München 2012)

Salzberg, Sharon: Metta Meditation. Buddhas revolutionärer Weg zum Glück (Arbor, Freiburg 2003)

Spitzer, Manfred: Einsamkeit, die unerkannte Krankheit. Schmerzhaft, ansteckend, tödlich (Droemer, München 2018)

Thich Nhat Hanh: Achtsam sprechen – achtsam zuhören. Die Kunst der bewussten Kommunikation (O. W. Barth, München 2014)

Tolle, Eckhart: Jetzt! Die Kraft der Gegenwart (Kamphausen, Bielefeld 2010)